우리를 미소 짓게 하는 행복한 그림그리기

임금직무체계 개선 컨설팅 사례집

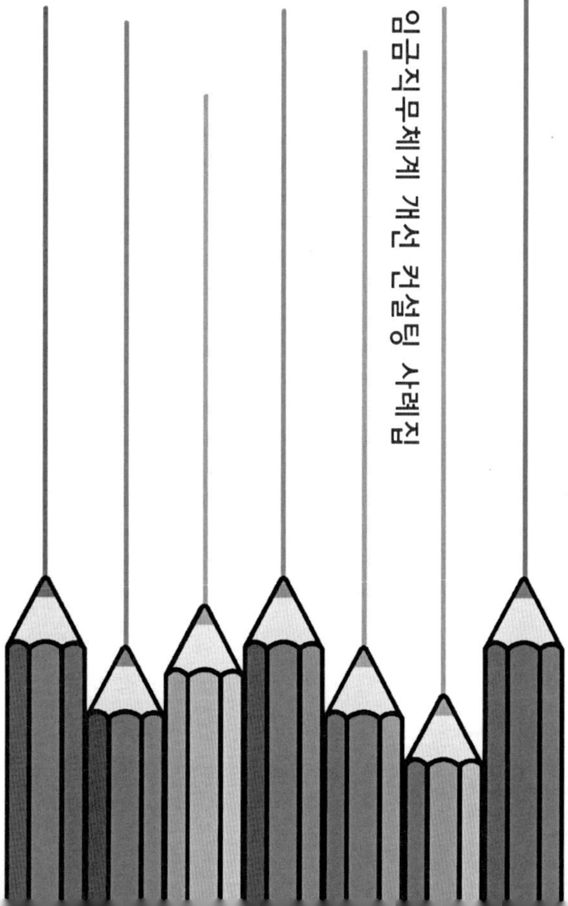

우리를 미소 짓게 하는 행복한 그림그리기

A병원,
직무를 기반으로 한 성과와 업적 중심의 임금관리시스템 구축   004

B기업,
임금체계 전환을 통한 외부 경쟁력 강화 및 내부 수용성 극대화   022

C기업,
성과연동형 급여체계 구축   038

D기업,
호봉제 개선을 통한 직무·성과 중심의 임금체계 구축   052

E병원,
역량과 성과 중심의 평가보상체계 구축   068

F기업,
검사원 등급제 도입을 위한 임금직무체계 개선 … 088

G기업,
보상 및 평가체계 개선을 통한 인적자원관리의 합리화 … 100

H기업,
조직의 글로벌 경쟁력 향상을 위한 임금·직무체계 개선 … 114

I기업,
기업성장과 개인역량개발 전략으로서의 성과주의형 평가·보상 시스템 구축 … 128

J기업,
직무특성을 반영한 임금체계 수립 … 140

A병원
직무를 기반으로 한 성과와 업적 중심의 임금관리시스템 구축

설 립 일
1994년 4월

업 종
의료 및 보건

소 재 지
충남 천안시

인 원
1,359명 (2010년 5월 기준)

매 출 액
1,440억원 (2009년 기준)

근 무 형 태
주간 및 교대제

I. 회사소개

인간존중과 생명존중의 인술을 바탕으로 환자 중심의 병원문화를 형성한다는 이념 하에 1994년 충남 천안시에 설립된 A병원은 의사, 간호사 등 총 1,359명으로 운영되고 있다. 800여 병상을 보유하고 있으며 일일평균 1,700명 이상의 외래환자를 진료하고 연간 1만4천 건 이상의 수술 건수를 기록하고 있다.

A병원은 인간 중심의 진료·연구·교육을 통하여 건강한 삶에 공헌한다는 미션을 수립하고, 최상의 의료 제공과 선도적 교육 및 연구를 실천함으로써 지역 및 교직원과 함께 발전하는 병원 비전 달성을 위해 노력하고 있다. 최근에는 병원의 국제 경쟁력 강화 차원에서 국제의료기관평가(JCI: Joint Commission International) 인증을 위해 내부 업무 프로세스 개선 및 직무 중심의 인적자원관리제도(HRM) 기반구축을 진행 중이다.

〈그림 1〉 병원 직원현황(2010년 5월)

구	분		인원
의사직	의대교원	교수	41
		부교수	27
		조교수	48
		전임강사	0
		초빙교수	1
		계 (A)	117
	임상전담교원	임상교수	0
		임상부교수	0
		임상조교수	14
		촉탁의	6
		계 (B)	20
	전임의	전임의	5
		계 (C)	5
	전공의 및 일반의	레지던트	136
		인턴	40
		일반의	1
		계 (D)	177
소계		(A+B+C+D)	319

구	분		인원
일반직	사무직	사무원	65
		전산원	9
	간호직	간호사	511
	약무직	약사	16
	보건직	방사선사	43
		임상병리사	44
		물리치료사	7
		작업치료사	3
		의무기록사	10
		영양사	2
		기타보건직	26
	기술직	기술·기능직	15
	의공직	의공기사	4
	기능직	기능원	106
	고용직	고용원	20
소계			881
기간제	기간제		159
소계			159

II. 컨설팅 개요

1. 추진배경

종합병원의 특성상 의사직, 간호직 등 다양한 직무가 존재하고 해당 직무마다 업무수행에 필요한 기술과 특성이 상이함에도 불구하고 임금체계는 전통적인 호봉테이블 방식에 의해 운영되어 왔다. 호봉테이블은 의사직을 제외하고 일반직과 기능직으로 구분하여 적용되어 왔으며, 직무 특성이나 업적을 고려하기 보다는 근속과 연계한 호봉테이블 상에서 임금수준이 정해지고 있다.

노동조합의 임금협상 결과가 임금인상으로 직접 연계되어 있기 때문에 직무특성이나 개인의 업적달성 결과보다는 노사간 임금협약이 개인의 임금을 결정하는데 가장 큰 요인으로 작용하고 있었다. 따라서 일반직과 기능직간의 임금결정은 호봉테이블과 노사간 임금협상 인상률에 근거하여 결정되는바, 현행 임금체계에서는 일반직 또는 기능직 내부에 존재하는 다양한 직무특성과 개인별 업무성과를 감안하여 임금을 결정하는 것이 불가능한 실정이었다.

한편, A병원이 의욕적으로 추진 중인 국제의료기관평가(JCI) 과정에서는 직무 중심의 HR제도 채택 여부를 평가 요소로 고려하고 있었으며 직무기술서 또는 직무명세서 등의 구비 여부 역시 인증평가의 중요한 요소였다.

A병원에서는 국제의료기관평가 이전부터 직무의 난이도와 강도의 차이가 있는 일부 직무 종사자(간호직 특정직무 종사자) 측의 추가적 인력증원 요청과 함께 보상에 대한 불만이 제기되어 왔다. 이에 부분적으로 직무분석을 통하여 업무량과 업무에 대한 난이도 등을 감안한 인력증감을 실시하였으나 직원 전체의 직무를 고려하기가 어려워 현행 호봉제 중심의 근본적인 임금체계 개선은 실시하지 못했다.

즉, A병원에서는 해당 직무에 따른 직무 수행의 어려움이나 개인의 업무성과를 감안한 보상제도의 합리적 개선에 대한 니즈가 이미 상존하고 있었으며 A병원의 경쟁력 강화를 위해 지속적으로 추진해 온 국제의료기관인증을 위해서도 직무 중심의 HR제도 개선이 시급한 과제였다. 전사적인 직무분석을 통해 직무 중심의 인사제도 구축을 위한 HR기반을 마련하고, 직무분석결과에 근거한 평가 및 보상제도 수립을 통해 호봉제 임금체계의 개선을 도모하고자 하였다.

2. 목적 및 범위

1) 목적
종합병원의 다양한 직무 특성을 고려한 합리적인 임금체계 개선방향 도출을 컨설팅의 목적으로 설정하였으며(의사직을 제외한 일반직에 대해 우선적으로 직무특성 및 수행능력을 감안한 임금체계 설계), 컨설팅 범위별로 세부적인 목표를 구체화하여 설정하였다.

(1) 현행 임금체계 문제점 검토 및 HR제도 진단을 통한 주요 이슈 도출
제도설계에 앞서 기존 인사제도의 적법성 검토가 필요하며 통상임금, 임금항목의 특성 및 기준에 부합하는 법 기준 적용 여부, 시간외 수당 지급의 적정성 등을 주요 내용으로 채택 가능하다. 이를 바탕으로 병원의 대내외 경영환경, 동종 업종에 대한 임금체계 벤치마킹, 구성원 인식 등을 검토하여 현행 임금 결정기준의 합리성을 확보한다.

(2) 직무조사를 통한 직무관리체계 및 직무기술서 도출
현재 A병원 내 존재하는 핵심직무를 파악하고, 각 직무별로 관련 직무에 대한 충분한 지식과 경험을 가진 내부의 직무 전문가를 선발한다. 이를 통해 직무조사를 실시(사전 설명회 및 직무조사 이후 팀장 설명회를 별도로 개최)하며, 직무조사 결과 검토를 통해 직무 운영 실태를 분석한다. 더불어 향후 경영계획, 조직운영 및 인력운영 방향에 근거하여 회사 TFT와의 협의를 거쳐 직무관리체계의 방향성을 설정하며, 직무조사를 통해 산출된 업무량, 직무내용, 숙련기간, 직무난이도, 교육훈련 등의 내용을 기반으로 인사제도 설계의 방향성을 최종적으로 설정한다.
한편, 직무분석 결과를 근거로 직무분류체계를 구축하고(대분류-중분류 및 직무단위 세부분류 실시) 직무기술서를 작성하며 평가제도 운용상 필요한 핵심직무 및 핵심성공요인을 추출한다. 개인평가에 사용할 업적평가 항목은 핵심직무에서 도출한 KPI 중심으로 설정한다.

(3) 합리적인 임금체계 개선방향 도출
일반직에 존재하는 다양한 직렬(사무직, 간호직, 약무직 등)의 특성을 감안하고 직무특성을 고려하는 한편, 직무의 난이도 등을 감안하여 직무가치를 반영하고 보상제도의 내부 공정성을 동시에 충족시킬 수 있는 합리적인 임금체계 개선방향 마련을 컨설팅의 목표로 상정한다. 이를 바탕으로 현행 평가방법의 문제점을 도출하고 임금체계 개편과 연계하여 평가결과를 활용할 수 있는 대안을 마련한다.
한편, 새로운 직무분류 단위에 따라 평가단위 분류를 적용하고, 직무분류체계에 따른 교육훈련체계 등을 설계하며, 향후 연봉제 또는 직무급 임금체계 설계시 직무가치를 반영하여 평가·보상할 수 있는 성과 및 업적중심의 임금관리시스템 구축을 궁극적인 컨설팅의 목적으로 설정한다.

2) 컨설팅 범위
- 객관적/합리적인 직무조사 실시
- 직무분석 검토를 통한 관련 문제점 및 이슈 파악
- 직무분석 결과에 근거한 성과 평가 및 임금체계 방향성 설정

3. 컨설팅 프로세스

A병원의 컨설팅은 아래와 같이 4개의 컨설팅 모듈을 사용하여 직무분석, 평가 및 보상제도 방향설계를 완료하고, 설계내용에 대하여 병원TFT와 피드백 과정을 수행한 후 그 결과를 각각의 HR제도 개선에 활용하였다.

〈그림 2〉 컨설팅 프로세스 및 적용 모듈

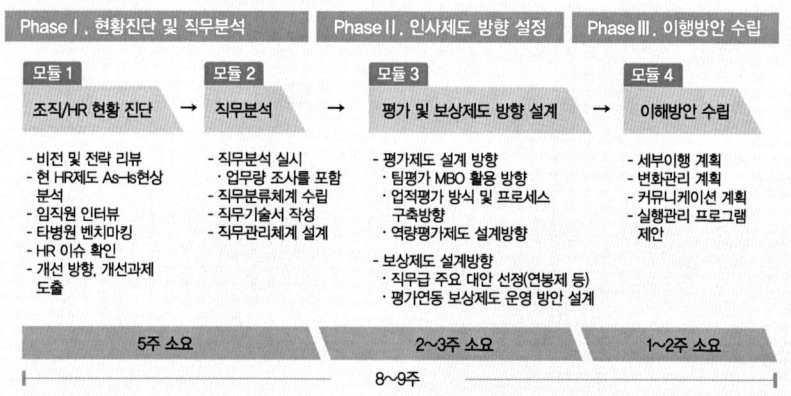

III. 분석 및 설계방향

1. 통합진단 결과

<그림 3> 작업장혁신 개입영역

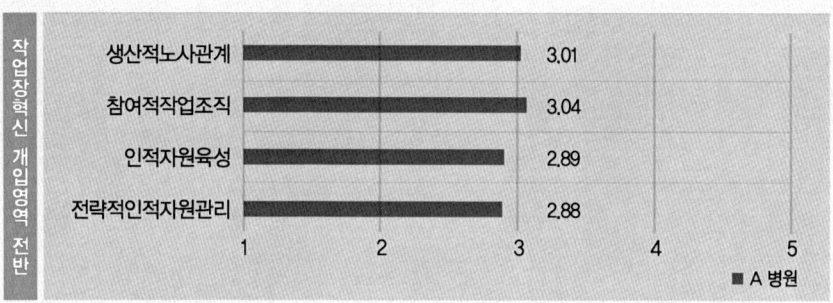

A병원의 통합진단 결과 대부분의 영역에서 평균 수준의 만족도를 보이는 가운데, 참여적 작업 조직이 가장 높은 만족도를 보였으며, 전략적 인적자원관리가 가장 낮은 만족도로 나타났다.
즉, A병원의 경우 모든 영역에서 종합적이고 전반적인 작업장 혁신 활동이 필요한 상황으로 파악되었다.

2. 기초자료 분석 결과

1) 외부환경 : 경쟁력 현황
A병원을 둘러싼 외부환경의 경쟁은 높은 수준이며, 특히 품질경쟁력이 매우 중요한 것으로 파악되었다. A병원의 내부 경쟁력을 살펴보면, 모든 항목에서 보통 수준인 것으로 나타났다. 이와 관련하여 인사담당자는 A병원의 경쟁전략을 "공격형 전략"이라고 응답하였으나 고객 니즈에 부합하는 양질의 의료서비스 제공이 필요한 상황이다.

2) 내부환경 : 고용관계
A병원의 경우 인력 충원의 용이성이 질적, 양적 측면에서 모두 낮은 수준이므로 우수 인력을

채용 및 유지할 수 있는 인사제도의 설계와 함께 조직몰입도 확보가 필요한 것으로 보였다. 한편, 최근 3년간의 고용은 계속 증가(2%)해 왔으며 인위적인 고용조정은 없었다. 지난 한 해 동안 직원들은 비정규직 채용과 임금제도의 변경을 요구해왔다.

3) 노사관계 및 노사의 가치관
노동조합이 있으며(상급단체 : 보건노조), 노사협의회를 운영 중이다. 노사별 가치관의 경우, 전반적으로 노조가 사용자보다 긍정적으로 활동한다고 인식하고 있었다. 노사관계 분위기는 노사 양측 모두 대등·원만하다고 응답하였으며, 파업이나 징계 및 해고 경험이 없었다. 노사 간 주요 경영현안은 '비정규직 채용'과 '임금제도의 변경'으로 나타났다.

4) 임금체계 현황
임금체계는 전형적인 연공서열에 의한 호봉제로 호봉테이블을 일반직과 기능직에 대해 적용하고 있었다. 임금 구성항목 및 지급방법은 호봉테이블에 따른 기본급, 제수당을 포함하였으며 제수당은 상여수당, 정근수당, 직무수당 등 14개의 수당(상여수당, 정근수당, 직무수당, 보직수당, 위험수당, 회계수당, 겸직수당, 조제수당, 근속수당, 체력단련비, 보훈수당, 가족수당, 보건수당, 연월차보전수당)으로 구성되었다. 더불어 임금과는 별도로 복리후생차원(실비변상적)에서 급량비, 자녀교육보조비, 차량지원비, 명절지원비, 하계휴가비, 교통보조비 등이 지급되고 있었다. 한편, 향후 직무급으로 임금체계를 전환할 경우 직무수당, 보직수당, 위험수당, 회계수당, 겸직수당, 조제수당 등은 직무급 편제에 따른 직무수당으로의 전환이 가능해질 것으로 전망되었다.

연봉 인상률 결정기준에 대해 살펴보면, 매년 개인별 연봉은 노동조합과의 임금협상에 따른 인상률의 범위 내에서 책정되며, 기본급의 경우 승급 및 승진을 반영하여 호봉테이블에 따라 변동하고, 상여금은 인상된 기본급을 기준으로 연간 1,000% 범위 내에서 지급되었다.

승급의 경우 근무연수에 따라 자동 승급하도록 되어 있으며, 승진의 경우 매년 직원인사규정에 따라 근무성적을 평정하여 일반승급과 특별승급을 실시하고 연봉을 조정해왔다. 또한, 근무성적평정과 경력평정을 종합하여 승진을 실시하나, 장기승진 누락자의 경우에도 승급보장제를 실시하여 일정승급을 적용해왔다.

5) 직무체계 현황
직무체계는 의사직과 일반직으로 직무를 구분되는데, 의사직은 4개 직렬(규정상 구분은 없음)로, 일반직은 7개의 직렬로 분류되나, 직렬이나 직무에 대한 규정 또는 명확한 내부 기준은 부재한 상황이었다. 또한 별도의 직무분류체계 및 직무분류 또한 미흡한 것으로 나타났고, 직무기술서 및 직무명세서도 제대로 갖춰지지 않았다. 즉, 대분류 기준(의사/일반)으로 인력구분을 실시하나, 더 나아가 직무 및 직무수행기능을 기준으로 세분화하는 데는 이르지 못한 실정이었다.

3. 이해관계자 인터뷰 결과

경영진은 향후 병원의 미션과 비전 달성을 위해서는 경쟁력 있는 HR제도로 개선되어야 한다는 점을 강조하였으며 직원들 사이에서도 어느 정도 공감대가 형성되어 있다고 보았다. 특히 병원이 국내외적으로 우위의 경쟁력을 가지기 위해서는 병원의 시설, 재무, 조직 등의 인프라가 갖춰져야 하겠지만, 이러한 물적 기반에 앞서 최우선시해야 할 요소로 병원내부 인적자원의 경쟁력이 꼽혔다.

또한 경영진은 병원의 전략적 목표 달성에 기여할 수 있는 인프라 중에서도 HR-인프라가 중요하며, 경쟁력 있는 HR제도를 만들기 위해서 개인과 팀별 직무를 명확히 하고 그 직무수행 결과에 따라 공정하게 평가할 수 있는 시스템이 전제되어야 한다는 점을 인식하고 있었다. 따라서 보상제도의 문제는 곧 공정한 평가의 문제이고, 평가가 잘 이루어지기 위해서는 분명한 직무구분과 함께 평가를 운용하는 사람의 역량이 뒷받침되어야 한다는 점을 강조하였다.

직원들은 병원내부의 구성원들이 나름대로 최선을 다하고 있음에도 그 최선의 노력에 대해서 합당한 보상이 이루어지지 않을 때 불만을 제기할 수 있다. 불만족한 직원들이 최선의 노력을 다하지 않을 경우, 병원의 경쟁력에도 부정적인 영향을 끼칠 수 있다는 점을 인식하고 있었으며 경영진과 마찬가지로 병원의 경쟁력이 직원들의 인적 경쟁력과 직결된다는 사실을 이해하고 있었다.

임금협상과 단체교섭 등으로 인해 평상시보다 임금과 보상에 대한 욕구들이 높아진 기간 동안 설문조사를 실시하게 되어(2010년 6~7월 실시) 복리후생제도의 개선과 평가제도에 대한 불만족 응답자의 비율이 다소 높게 나타났다. 외부시장(지역 내 병원업종)과 비교하여 임금수준이 중상수준에 해당하고, 특정 직무수행 부서를 제외하고는 대부분 적정근로시간(연간기준 2,000시간 수준)을 유지하고 있어서 인터뷰 상에서 직원들이 체감하는 실제 직무만족도는 설문조사 결과보다 높은 것으로 나타났다.

4. 제도설계 방향

1) 제도설계의 주요 이슈

임금체계 설계에 앞서 평가와 보상의 기준이 되는 직무체계가 명확하지 않아서 업무량 또는 직무의 난이도가 현격한 차이를 보이는 직무에 대한 판단기준이 부재한 상황이므로 임금수준에 대한 공정성 문제가 야기되고 있었다.

한편, 부서별/직무별로 업무량 편차가 존재한다는 공감대가 형성되어 있는 바, 부서 및 팀 내 업무량 분석을 통해 직무별 업무량을 조정해야 한다는 필요성이 제기되었다. 또한, 대외적으로 병원이 국제의료기관 인증을 앞두고 있어 체계적이고 합리적인 직무체계 구축과 함께 직무기술서 또는 직무명세서를 갖춰야 할 필요가 있었다.

임금체계와 관련한 이슈의 경우, 직무와 업무량을 반영한 공정하고 합리적인 평가제도가 제대로 작동하지 않아 직무별로 차등 없는 임금인상과 수당반영이 발생한 결과 상대적인 임금 공정성이 미흡하다는 문제점이 제기되는 만큼 임금직무혁신이 요구되는 상황이었다.

이상의 여러 가지 문제점들을 종합하여 각 제도별 주요 개선방향을 도출하였다.

2) 각 제도별 주요 개선 방향

〈그림 4〉 각 제도별 주요 개선 방향

혁신영역	현황 검토 (AS-IS)	설계방향 (TO-BE)
직무관리	사업전략 및 비전 공유 필요	사업전략/비전/인재상 확립 및 공유강화
직무관리	직무중심의 인력관리 필요	직무기준(수행시간) 확립을 통한 체계적 인력관리
직무관리	직무분류 기준 및 직무기술서 미흡	직무분류 및 직무중심 조직운영 (직무기술서/직무명세서 구축)
평가제도	평가제도의 이해 및 객관성 확보 필요 (업적평가 활용도 미흡)	직무기반 업적평가 개선 직무기반 역량 세분화
평가제도	평가제도의 활용방안 극대화 필요 (평가결과의 활용도 미흡)	보상/직무순환/승진/승급/교육훈련 반영
보상제도	근속 위주의 호봉제형 보상제도 개선필요	성과중심의 연봉제형 보상제도 (직무급 제도의 전환을 포함)

IV. 제도설계 및 실행계획

1. 직무관리제도 개선방안

1) 직무조사를 통한 직무분류체계 설정
(1) 직무체계 개선 프로세스
의사직무수행자를 제외한 전체 직원에 대한 직무조사(질문지법)를 실시하여 직무, 과업, 업무량, 숙련기간 등을 파악(757명에 대한 직무조사를 실시)하였다. 또한, 직무조사 결과의 검증을 위해 팀 전체 직무와 팀원별 직무를 동시에 조사함으로써 부서 또는 팀내 개인직무를 조정하는 절차를 마련하여 최종적으로 표준 업무량(연간기준 2,100시간)을 기준으로 직무조사 결과에 대한 2차례 검증을 실시한 후 직무조사 결과를 도출하였다.

〈그림 5〉 직무조사결과 (일반직군 757명)

적용 기준		합계 조사대상 (인원)	평균 근무기간 (년)	평균 업무량 (시간)	평균 직무난이도(표기평균량)					숙련기간 (개월)	합계 직무수 (개수)
부서구분	팀구분				상	상중	중	중하	하		
간호부	교육행정팀	11	2	1,685	1	5	8	4	1	3	13
	내과간호팀	92	3	2,548	1	13	34	7	2	12	16
	모아간호팀	64	4	2,245	1	8	23	4	2	8	33
	수술간호팀	43	6	2,227	4	9	18	2	0	10	69
	외과간호팀	85	3	2,378	3	12	16	7	2	16	40
	외래간호팀	68	4	1,893	3	8	13	4	1	9	118
	특수간호팀	25	5	2,113	0	4	33	1	-	2	21
	소계 (합계)	388	5	2,153	2	8	20	3	1	9	62
기획조정실	기획팀	6	4	1,758	2	11	24	4	-	8	11
	전산팀	9	10	1,721	2	4	6	1	0	13	16
	소계 (합계)	15	7	1,739	2	7	15	3	0	10	14
대회협력실	사회사업팀	2	8	1,949	-	7	8	-	-	7	6
	진료의료센터	2	2	2,104	-	10	13	7	0	8	19
	홍보팀	3	5	2,171	-	4	9	3	0	25	10
	소계	7	5	2,075	-	7	10	3	0	13	12
사무처	경리팀	3	2	2,473	1	8	11	1	0	6	35
	구매관리팀	9	3	2,402	1	8	18	2	0	10	51
	시설팀	7	13	2,325	3	9	11	1	-	27	17
	원무팀	56	7	2,266	2	5	9	1	0	17	140
	인사팀	6	1	2,108	2	7	12	6	1	5	25
	총무팀	8	9	2,210	0	3	18	3	1	2	10
	소계	89	6	2,297	1	7	13	2	0	11	46

부서구분	적용 기준 팀구분	합계 조사대상 (인원)	평균 근무기간 (년)	평균 업무량 (시간)	평균 직무난이도(표기 평균량)					숙련기간 (개월)	합계 직무수 (개수)
					상	상중	중	중하	하		
진료지원 부서 (해당부서)	QA팀	2	5	2,157	4	23	5	1	-	15	9
	교육연구부	2	1	1,669	-	10	9	1	-	12	10
	마취통증학과	22	7	2,468	4	6	20	1	0	3	12
	방사선중앙학과	5	15	2,286	3	6	3	2	0	19	3
	병리과	8	9	2,319	9	4	7	5	2	11	16
	산업의학과	25	5	2,215	3	7	9	2	0	12	71
	신경과	3	8	2,036	2	3	4	1	-	20	7
	영상의학과	35	10	2,347	5	9	11	5	1	21	74
	영양팀	1	16	2,155	-	17	4	-	-	33	4
	의공학과	5	16	2,369	1	7	9	4	2	13	16
	의료정보팀	13	7	2,141	2	4	4	1	-	8	18
	이비인후과	5	8	2,053	1	3	2	0	-	11	15
	임상의학연구소	1	1	2,762	-	4	15	-	-	12	4
	재활의학과	12	10	2,180	1	5	5	1	0	14	10
	정신과	1	3	2,510	5	7	2	2	-	24	6
	진료행정팀	2	4	2,093	2	4	10	-	-	-	18
	호흡기내과	2	16	2,295	3	6	3	5	4	4	5
	핵의학과	7	14	2,421	7	7	7	1	-	37	14
	진단검사의학과	31	12	2,200	3	6	7	2	-	18	70
	약제팀	36	4	2,131	2	5	8	1	-	8	125
	건강증진센터	30	4	2,177	2	7	6	2	1	11	105
	심장혈관내과	8	9	2,356	2	6	4	-	-	23	15
	흉부외과	2	18	2,268	15	6	11	-	-	11	6
	소계	258	9	2,211	3	7	7	2	0	15	28
총계		757	6	2,102	2	7	13	3	0	12	32

(2) 직무분류체계(안)

A병원은 내부적으로 직군 또는 직렬을 운용하지 않으나, 인력현황과 조직도 및 직무현황을 참고할 때 크게 2개 직군(의사직, 일반직), 11개 직렬이 존재하며 직무의 경우 직무조사를 통해 검토를 실시하였다. 의사직군에 대해서는 별도의 직무조사를 실시하지 않았으며, 일반직에 대한 직무조사 결과 기술직과 의공직의 직렬을 조정/통합할 경우 2개 직군, 10개 직렬, 1,000여 개 직무로 분류되었다.

한편, 직무분류의 경우 직무조사 결과에 나타난 직무의 수가 많고, 과업 또는 단위과업을 직무로 분류하여 기재한 오류가 많았다. 전체를 기준으로 평균(팀평균) 30개 내외의 직무가 존재한다고 볼 때, 직무조정을 실시하고 직무단위를 확대하는 한편, 과업 및 단위과업을 직무분류에서 제외한다면 통상 500여개 내외의 직무가 존재할 것으로 예측되었다. (통상적으로 팀 기준 10개 내외의 직무를 가진다고 볼 때 41개팀의 직무를 종합할 경우 500여개 정도의 직무도출이 가능)

〈그림 6〉 인력 및 직무편제 기준 직무분류

대분류 (직군)	의사직(의사직군)				일반직(일반직군)					
중분류 (직렬)	의대	임상	전임	전공(일반)	사무	간호	약무	보건	기술 (의공)	기능
소분류 (직무)	의대 각 전문분야별 직무 (의사직무)				사무 분야별 직무	간호 분야별 직무	약무 분야별 직무	보건 분야별 직무	기술 및 의공 분야별 직무	기능 및 고용직 분야별 직무
과업 (단위과업)	의사직무별 과업 및 단위과업 (의사직무별 과업) * 직무조사를 진행하지 않음				직무조사결과 1,000~800개의 직무가 조사되었음 (부서 평균 32개의 직무가 조사됨) 과업이 직무로 상당수 편입된 경우가 있어 향후 직무의 과업단위 편입시 직무수가 조정될 수 있음					

(3) 직무분류체계 확정방안
내부 TFT와의 협의를 거쳐 1~2회 직무분류체계(안)에 대한 수정을 실시한 후 최종 직무분류체계를 확정할 수 있도록 하였다.

2) 직무기술서 및 직무명세서 작성
직무조사 결과를 기초로 직무내용, 필요역량 교육훈련 등을 포함하는 직무기술서와 직무명세서를 해당 직무별로 작성토록 하였다.

3) 직무관리체계 활용방안
(1) 직무중심의 인력운용
기존에는 인력 및 직무와의 적합도를 크게 반영하지 않은 채 인력을 배치하고 업무를 수행한 결과, 인력의 특성과 능력에 따라 직무수행능력이 달라지고 업무수행결과에도 편차가 발생하였다.

<그림 7> 직무조사 결과 (업무량 데이터)-2,300시간 이상팀 13개팀

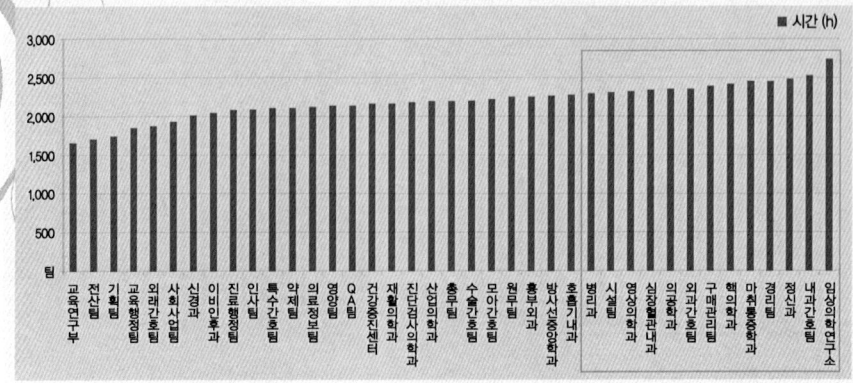

그러나 직무조사, 직무기술서 및 명세서 등을 통해 확립한 직무분류체계에 따라 인력을 채용하고 교육·훈련하며, 직무수행 결과에 근거하여 인사제도를 운용함으로써 인력운용의 합리성과 효율성을 동시에 달성할 수 있게 된다.

현재 수행 중인 직무 및 직무수행에 필요한 업무량 등의 직무조사 결과를 통해 객관화 작업을 진행하면 직무에 필요한 인력에 대하여 직무수행별 업무량을 고려하여 인력을 채용, 배치, 전환함으로써 적정인력 운영에도 기여할 수 있을 것이다.

(2) 직무중심의 평가 및 보상제도 적용
기존에도 평가제도가 운용되었으나 향후 역량중심으로 운영될 것이고, MBO방식에 의한 업적평가제도를 직무조사를 통해 추출한 KPI(핵심성과지표)를 통해 보강함으로써 평가제도의 객관성과 공정성을 강화할 것이다. 즉, 기존에는 역량중심의 정성적인 평가지표로 인해 평가의 공정성과 객관성에 문제를 제기할 소지가 많았으나, 향후 직무조사 결과와 직무기술서에서 제시된 핵심직무내용을 중심으로 평가지표를 보강함으로써 합리적인 평가제도 구축이 가능해진다.

한편, 직무를 바탕으로 객관적인 평가제도 구축이 선행된 이후 보상제도의 효율성을 부가하기 위해 복잡한 임금항목을 단순화함과 동시에 직무조사결과를 근거로 직무성과와 직무능력 정도를 감안하여 평가와 연동하는 연봉제 또는 직무급 제도의 설계를 제안하였다.

2. 평가제도 개선방안

1) MBO 제도의 정교화

기존에 MBO 방식의 평가제도를 직무중심의 평가제도로 개선 및 보완하며, 직무조사 및 직무기술서 상에서 핵심직무로 추출된 직무를 위주로 KPI를 추출하여 업적평가 항목으로 사용할 수 있게 하였다. 즉, 현행 KPI를 유지하되, BSC관점에서 정량화할 수 있는 직무성과 지표를 직무조사 결과를 통해 추출하여 보강함으로써 기존 MBO 방식이 가지는 정성적 평가의 단점을 해소하게 하였다.

이에 따라 개선 및 보완되는 업적평가제도는 실제 병원직원들이 수행하는 직무에서 그 평가항목을 추출하여 평가항목으로 반영하기 때문에 정성적인 평가항목보다 그 수용도가 높아질 것으로 전망된다.

〈그림 8〉 평가제도 설계방향

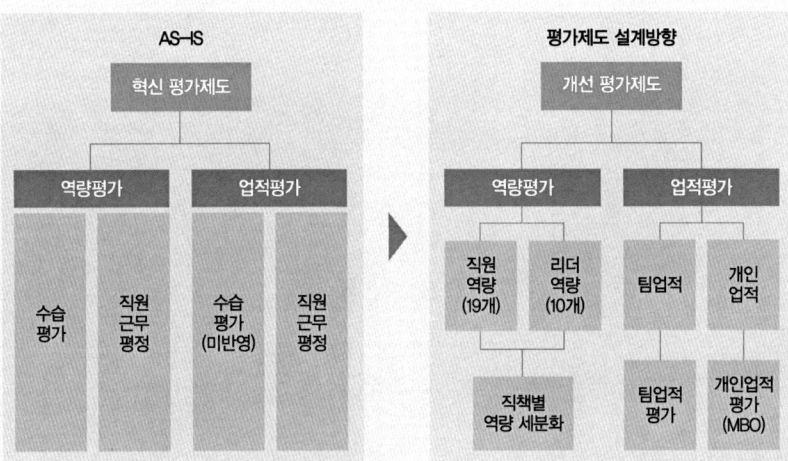

2) 역할과 책임을 고려한 역량평가항목 추가

기존의 역량평가항목은 수습과 일반직원으로 이원화되어 운용되어 왔으나, 일반직원에 대해 직무수행에 따른 책임과 역할이 상이함에도 통일적인 역량평가가 계속되어 평가에 대한 신뢰도가 많이 떨어졌다. 이에 따라 평가제도 설계시 실제 수행하는 직무별로 그 책임과 역할을 고려한 역량평가항목을 기반으로 평가할 수 있도록 역량평가항목을 강화하고 이원화하는 데에 초점을 맞췄다.

또한 일반직원 및 통상적인 근로자에 요구되는 19개 역량과 보직자(특히 의사직책 수행자이면서 보직을 맡은 교수, 고직급 관리자 등)에 요구되는 10개의 역량을 보완하여 역량평가에 반영하도록 하고 직무명세서에 해당 직무수행에 필요한 역량으로 기술하여 지속적인 역량개발과 보유를 가능하도록 하였다.

3) 평가피드백을 통한 평가제도 수용성 제고

기존에도 평가제도가 어느 정도 운영은 되고 있었으나 전체 직원들에 대한 신뢰도는 크지 않은 것으로 검토되었다. 그 이유 중 하나는 평가제도의 과정이 평가자와 피평가자간에 공유되거나 협의하는 절차가 미흡한 것으로 파악되었다. 따라서 평가를 실시함에 있어 MBO과정에 대한 협의와 피드백 과정을 설정하고 평가주기를 연 1회에서 2회로 개선하여 중간목표점검과 목표조정기간을 설정하고 외부 또는 내부 환경에 따라 평가목표를 조정함으로써 개인의 수용도 및 평가의 공정성을 제고하도록 하였다.

3. 보상제도 개선방안

1) 임금항목의 단순화 및 성과반영 임금제도 개선방안 제안

일반직과 기능직으로 이원화된 호봉테이블로 기본급을 구성하고 수당의 경우 14가지 이상에 이르는 것으로 나타났다. 향후 연봉제 및 직무급제 시행에 대비해 기본연봉과 성과연봉으로 임금항목을 단순화하였다.

또한, 직무급 성격의 직무수당, 위험수당 등은 직무급으로 추후 편입하며 제수당의 경우 직무수당 등으로 편입되는 수당을 제외한 법정수당 성격의 연월차, 시간외 등은 연봉이외의 수당으로 처리하는 등 임금항목 단순화 방안을 제안하였다.

<그림 9> 임금항목 단순화 및 임금체계 개선방향

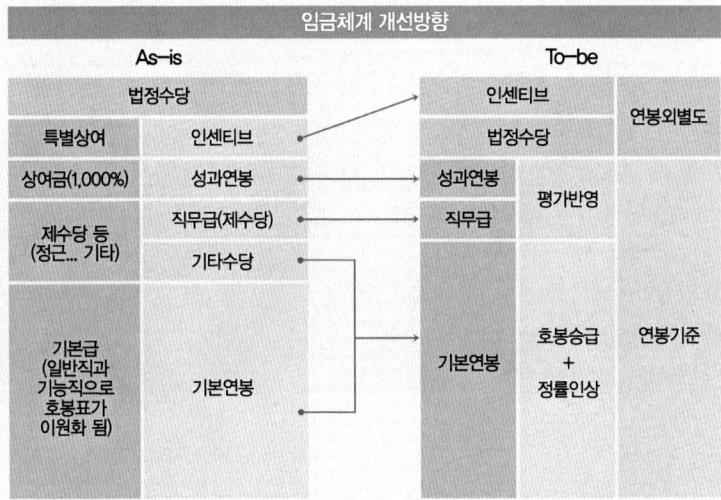

또다른 임금제도 개선방안으로는, 병원의 경영상황에 따라 탄력적으로 임금인상재원을 운용할 수 있도록 성과연봉 조정계수 활용방안을 제안하였으며, 승진/승급시 임금밴드를 활용하여 임금수준의 변동을 최소화하도록 하였다.

한편 임금항목을 단순화함과 동시에 성과주의 임금체계를 강화하기 위해 직책과 역할에 따른 기본연봉과 성과연봉의 지급비율차 등을 제안하며 연봉과는 별도로 운용할 수 있는 인센티브제도와 집단인센티브제도를 추가적으로 제안하였다.

2) 평가결과와 연동하는 성과보상제도 구축

향후 연봉제 또는 직무급제로 임금제도를 개선시 평가결과와 연동하도록 하고 연봉제 시행을 위한 임금항목 개편을 전제로 성과연봉에 대해서는 평가결과(종합평가 또는 업적평가 기준)를 반영하여 직무수행 성과에 따른 차등 보상을 실현할 수 있게 하였다. 한편 직무를 기준으로 직무수행역량과 직무난이도 등을 고려하여 직무급에 반영하는 방안을 제안하였다.

4. 실행계획

1) 제도이행을 위한 변화관리

직무관리체계의 확립과 직무중심의 평가제도 및 임금체계 운용을 위해서는 제도 개선과정(1단계)과 실행자들의 변화관리(2단계)가 요구된다.

따라서 제도도입 과정에서 발생할 수 있는 병원직원들의 조직저항을 최소화하고 제도가 원활히 정착될 수 있도록 병원의 비전과 전략을 공유하고 그에 맞게 제도를 최적화시키는 활동을 우선적으로 시행하는 방안을 제안하였다.

한편, 제도설계 방향에 따라 제도를 설계하고 실행하면서 병원직원들이 제도를 이해하고 공유할 수 있도록 병원경영진, 보직자(관리자), 팀원(직원)으로 구분하여 변화관리를 위한 주요 활동내용과 방법론 또한 제안하였다.

2) 제도이행을 위한 전제조건

임금직무혁신 컨설팅을 통해 직무관리체계를 수립함으로써 직무중심의 객관적이고 공정한 평가제도가 정착되고, 그에 따른 합리적인 임금제도가 운영되기 위해서는 기존의 규정을 개정하고 개인별 성과와 보상에 대한 비밀을 보장해야 하며 이러한 직무-평가-보상제도가 유기적으로 이루어질 수 있도록 내부적인 전산시스템을 개선하는 방안이 전제되어야 할 것이다.

V. 기대효과 및 시사점

이번 컨설팅을 통하여 직무관리체계의 합리성을 제고하고(직무조사를 통함) 이를 토대로 수정, 보완된 평가제도를 도입 및 정착시킴으로써 성과중심의 인사제도 개선이 가능하다. 또한 현행 임금체계의 복잡성을 단순화하고 연봉제 적용을 용이하게 하기 위한 임금체계로 개선하여 성과반영 중심의 보상구조로 전환할 수 있다.

이러한 직무조사를 토대로 설계된 성과와 역량 중심의 임금체계시스템은 국제의료기관 인증시 인사제도 경쟁력 부분에 기여할 것이며, 합리적이고 공정한 인사제도가 정착되면 조직구성원 만족도 제고 및 병원 경쟁력 강화에 이바지할 것이다.

이번 컨설팅을 통하여 새삼 느낀 것은 모든 컨설팅 프로젝트에 대하여 하나의 틀(도구)을 가지고 일률적으로 해결책을 제시할 수는 없지만 무엇보다도 중시해야 할 것은 원칙중심의 인사관리를 해야 한다는 점이었다.

　설계된 평가제도를 도입하려면 규정개정을 별도로 요하지 않으나, 보상제도의 경우 취업규칙의 불이익 변경 및 단체협약 변경이 요구되며, 더 나아가 평가/보상제도를 확대, 적용하기 위해서는 인사규정 및 단체협약 개정 또한 필요하다. 이에 대한 실무진의 고민까지 해결하는 것이 컨설팅을 마무리하는 유종의 미가 될 것이다.

B기업
임금체계 전환을 통한 외부 경쟁력 강화 및 내부 수용성 극대화

설립일
2000년 8월

업종
영상솔루션 국내유통

소재지
서울시 성동구

인원
30명

매출액
218억원 (2009년 기준)

근무형태
주간근무 (교대제 없음)

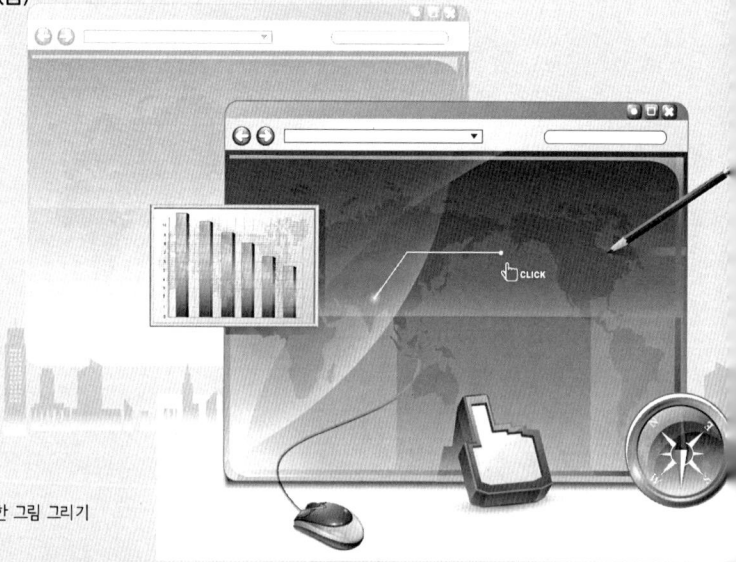

I. 회사소개

B기업은 영상솔루션 기기 도·소매 및 고객 서비스 제공을 주요 업무로 하는 업체로, 지난 2000년에 설립되었다. 대표적으로 일본 HITACHI사 및 EIKI사의 프로젝터 국내 총판 및 휴스템사의 관련 기기를 유통/판매해 왔으며 2009년 연간 매출액은 218억 원, 전체 직원 수는 30명이다.

II. 컨설팅 개요

1. 추진배경 및 목적

B기업은 창업 10년에 이르러, 회사가 성숙기에 진입했으며 스크린 골프 등 영상관련 업종의 호황에 따라 매출액 등이 꾸준히 증가하고 있었다. 이렇듯 사업의 범위가 확장되면서 추후 고객 상담/AS 전담 부서 등의 내부적 확장을 꾀하고 있고 이에 따라 개별 직원의 역량 향상 및 대(對)고객 서비스를 통한 고객만족도 향상이 회사의 주요한 이슈로 떠오르고 있었다.

하지만 회사의 내/외부적 성장에도 불구하고 급여 및 HR관련 모델은 10년 전의 기준을 그대로 유지(CEO의 개별적 판단에 의한 급여 인상 등)되고 있어, 최근 장기근속자가 경쟁업체로 이직하는 일이 자주 발생하였다. 이에 회사는 기업규모 및 현 상황에 맞는 임금체계 등 기타 HR체계를 갖추어 내/외부적 경쟁력을 강화하고 구성원들에게 동기부여를 제공하기 위하여 본 컨설팅을 신청하였다.

2. 컨설팅 범위

본 컨설팅은 크게 3가지 테마로 이루어졌다.
  1) 조직 만족도, 직무 만족도, 임금 만족도에 대한 조사 및 문제점 도출
  2) 회사의 전반적 현황분석(HR 생산성 분석, 급여체계 분석, 기타 HR관련 제도 분석)
  3) 외부 경쟁력 및 내부 수용성을 강화할 수 있는 급여체계 설계 및 추후평가와 연동된 보상체계의 운영방안 도출(고과호봉제 설계)

3. 컨설팅 프로세스

컨설팅은 임금체계 전환을 통한 외부 경쟁력 강화 및 내부 수용성 극대화(Competitiveness reinforcement strategy by the improvement of wage system program)를 총제로 하여 1) 현 기업 상황 분석 2) 경쟁업체의 임금수준 분석 3) 직원의식 조사를 통한 문제점을 도출하고 이에 따른 해결방안을 (① 기본급 인상, ② 고과 호봉제의 도입, ③ 효율성을 높이기 위한 인건비 항목의 재구성) 제시하는 방법으로 이루어졌다.

III. 분석 및 설계방향

1. 조직진단 결과

2010년 7월 19일~2010년 7월 23일까지 전직원을 대상으로 70문항으로 구성된 조직문화 분석을 위한 설문을 실시하고, 컨설턴트가 과장급 이상의 직원들을 대상으로 인터뷰를 진행하였다.

1) 조직문화 분석의 개요
설문은 조직만족도, 평가제도, 임금제도, 교육훈련 4가지 주제로 구분되어 실시하였다. 설문조사 결과, 회사에 대한 전반적 만족도는 평이한 수준이나 상사에 대한 기본적인 인식 및 상사의 지도력/하부 평가에 대한 공정성에 대해서는 매우 낮은 수준으로 나타나고 있었다. 또한 내부 Communication의 적절성 및 권한/책임 관계의 적정/공정성 수준도 매우 낮은 것으로 조사되었다.

또한 직원들은 전반적으로 복리후생 등 회사의 지원 및 동료와의 관계에 대해서 큰 만족을 느끼고 있으나 임금수준 및 회사 내에서 개인의 향후 비전에 대해서는 부정적인 입장을 취하고 있었다.

평가제도에 대한 구성원들의 인식 및 수용성은 일반적인 회사의 평균과 비교하여 매우 낮은 수치를 보였다. 특히 전반적으로 명확한 성과평가의 기준이 책정되어 있지 않고 전반적인 조직운영에 있어서 성과주의가 공정하게 반영되지 않는다고 응답했다. 따라서 체계적이고 새로운 평가제도의 도입이 시급함을 구성원 대부분이 공감하고 있는 상황이었다.

현재 평가제도 전반에 대한 불신 및 부정적 인식이 구성원 전반적으로 공유되는 바, 평가체계를 재설계 하는데 있어서 구성원들의 인식수준 및 생각 등을 반영하여 평가제도에 대한 구성원들의 부정적인 인식을 불식시키는 한편, 투명한 평가제도의 운용을 위하여 평가제도 설계 시 평가절차의 공정성 및 피드백 제공을 고려하여야 할 것이다.

그리고 임금제도의 경우, 대부분의 회사에서 임금에 대한 만족도는 전반적으로 저조한 것이 일반적이지만 B기업의 경우에는 일반적 수준에 하회하는 만족도를 나타내고 있었다. 현 수준에서 물리적인 임금 상승이 불가능하다면 비금전적인 부분의 동기부여를 통한 만족도 상승을 유도하여야 할 것이다.

또한 승급 및 임금상승에 대한 명확한 기준이 정해져 있지 않고 이에 대한 동기부여가 이루어지지 않아 추후 임금 상승에 대한 구성원들의 기대치가 매우 저조한 수준으로 나타났다.

전반적으로 개인의 직무나 동종업계 대비 임금수준이 저조하다고 인식했으며 추후 임금상승에 대한 기대치도 낮은 편으로 나타났다. 따라서 객관적인 임금수준 자체에 대한 경영진의 고려가 필요하며, 다른 한편으로 물질적인 만족 이외에 구성원들의 동기를 북돋아 줄 수 있는 방안이 요구되었다.

이외에도 회사에서는 현재 직무관련 교육을 실시하고 있지만 명확한 목표나 인재상에 대한 제시가 없어, 교육에 소요되는 비용적 효율성을 극대화하기 위한 인재상의 확립 및 직원들의 경력 방향을 설정해 줄 수 있는 체계적인 교육제도의 정비가 요구되었다.

2. 기초자료 분석 결과

1) HR 생산성 분석

노동소득 분배율 및 생산성 분석, 동종업체와의 급여수준 비교를 통하여 B기업의 HR 생산성 분석을 실시하였다.

(1) 부가가치

〈그림 1〉   [단위 : 원]

부가가치	2,215,292,562	3,378,795,528
부가가치 = 경상이익 + 인건비 + 순금융비용 + 임차료 + 조세공과 + 감가상각비		

B기업의 부가가치는 지속적으로 증가 추세에 있으며 인원대비 매출액의 비중이 높아 부가가치가 높은 것으로 나타났다.

(2) 생산성
전반적으로 인원대비 부가가치가 높은 해당업종의 특성상 1인당 매출액 또한 높은 편이며, B기업의 1인당 매출액도 동종업계와 비교하여 거의 유사한 수준으로 나타났다. 노동소득분배율 또한 동종업계와 비슷한 수준을 유지하고 있으며 객관적인 분배율 정도도 양호한 것으로 보인다.

〈그림 2〉 1인당 부가가치 및 1인당 매출액, 노동소득분배율 비교　　　　　　　　　　[단위 : 원]

	분석항목	2008년	2009년	동종업계1	동종업계2
생산성	1인당 부가가치	116,594,345	177,831,344	137,095,972	208,707,533
	1인당 매출액	1,058,199,386	1,302,536,167	904,727,279	1,326,926,000
	노동소득분배율	34%	24%	24%	27%

(3) 급여수준 분석
현재 동종업계 대비 낮은 급여수준에 대한 구성원들의 불만이 매우 큰 바, 다음과 같이 대표적 동종업계 H사, M사, T사와의 급여비교를 통하여 현수준을 객관적으로 판단해 보도록 하였다.

〈그림 3〉 급여수준 분석　　　　　　　　　　　　　　　　　　　　　　　　　　　[단위 : 원]

분석항목	2008년	2009년	H사	M사	T사
1인당 급여평균	39,405,359	42,850,687	49,733,055	65,646,200	56,642,588
복리후생비 제외급여	31,525,127	34,524,603	43,078,654	58,642,350	48,261,529
실제급여		29,706,061	35,133,096	47,826,177	39,360,026

조사 결과, 동종업체 H, M, T사와 B기업의 급여와 비교하여, 급여수준이 현저하게 낮은 것으로 확인되었다.
　한정된 시장 여건으로 인해 동종업계 간의 임금 등 근로조건에 대한 정보교류가 활발한 현 상황에서 이러한 급여수준의 차이는 직원들의 조직몰입도 및 업무몰입도를 하향시켜 구성원들의 이직발생을 가속화 시키는 요소가 될 수 있으므로 가시적인 임금상승이 필수적으로 요구된다고 판단하였다.

2) HR 제도 분석
(1) 급여체계의 분석
급여는 연공급(연수에 따라서 기본급이 상향조정)을 기본으로 하여 기본급＋정기상여금으로 구성되어 있었으며, 급여의 운영은 매년 자체 평가결과 및 개별 연봉협상을 통해서 대표이사가 개별적으로 책정하여 오고 있었다.

〈그림 4〉 급여체계의 분석　　　　　　　　　　　　　　　　　　　　　　　　　　　　　　[단위 : 원]

기본급	상여금	명절, 휴가 등	볼링비	총 연봉
446,160,000	74,360,000	12,540,000	9,970,000	533,060,000
83.70%	13.95%	2.35%		100%

분석결과 기본급의 비중이 매우 높은 편이나 연장근로 등 시간외 근로 수당이 발생하지 않으므로 현 기본급 수준에 대한 기본적인 변경은 필요치 않을 것으로 판단되며, 복리후생적 성격의 고정적이고 단체적인 비용이 2.35%로, 기업규모에 비하여 복리후생 수준은 높은 편으로 조사되었다.

(2) 직급 간 임금구조 분석

〈그림 5〉 직급 간 임금구조 분석

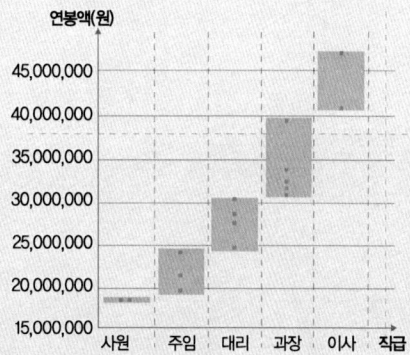

구분	중복	간격(원)	직급	범위
과장~이상	-41.80%	2,275,140	이사	13.10%
대리~과장	-11.10%	910,056	과장	26.20%
주임~대리	-6%	347,812	대리	23.50%
사원~주임	-25.10%	1,146,184	주임	23.30%
-	-	-	사원	0%

직급 간 임금중복이 전혀 없어서 저(底)직급자 중 우수성과자에 대한 동기부여가 미흡할 수 있고, 직급내의 상/하 범위가 무차별적으로 책정되어 있어 직급에 따른 임금수준의 기준 확립이 필요한 상황이었다.

(3) 임금지수 분석

임금지수 분석결과 직급 간 임금지수는 업계평균 수준과 거의 유사하며 이는 연공에 의한 임금격차인 것으로 조사되었다.

〈그림 6〉 임금지수 분석

구분 (재작년)	B사		업계평균 (중소서비스업)
	임금액	지수	지수
이사(7~9.5)	41,710,900	255	218.6
과장(6.9~8.9)	31,245,256	169	174.3
대리(4~6)	24,571,512	133	142.5
주임(0.6~1.2)	19,650,656	106	120.4
사원(0.8~1.5)	18,504,472	100	100

• 직급간 임금구조-직급별 임금격차 분석 (초임, 연봉기준)
• 동일 직급/동일 연차시 지급되는 최소 기준금액
  (기본급+정기상여금+퇴직금 포함)을 기준임

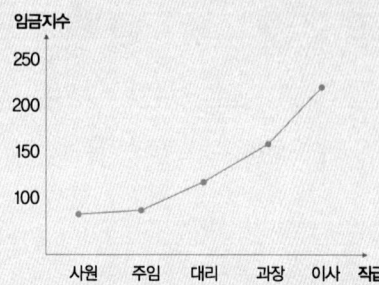

직급별 임금격차 지수는 통상적 수준이나 사원 직급과 주임직급간의 임금격차 지수가 상대적으로 낮은 것으로 분석되므로 추후 조정이 필요. 승진에 따른 보상, 성과에 의한 보상수준이 낮음에도 불구하고 직급별 임금 격차 지수가 통상적인 수준인바, 연공에 의한 격차인 것으로 분석됨.

(4) 평가제도 분석

평가는 상사에 의한 1차 평가 결과 후, 전 직원 다면평가가 이루어지는 형태였고 이를 바탕으로 연봉책정이 이루어지는 프로세스이다. 상사의 주관적인 평가에 대한 불만이 상당히 높은 편이므로 수용성을 가질 수 있는 평가제도 확립이 시급한 상황이었다.

3. 이해관계자 인터뷰 결과

과장급 및 임원 4인, 일반 대리이하 4인 총 8인을 선별하여 인터뷰를 실시하였으며 도출된 내용은 다음과 같다.

〈그림 7〉 인터뷰 내용

1	- 동종/유사업체 보다 임금수준이 떨어진다.
2	- 추후 경력개발경로나 위치, 비전이 불분명하다 - 동종업계로의 이직을 생각하고 있는 구성원들이 많다.
3	- 직급 상승에 따른 Advantage가 없다. - 직급 상승 시 책임만 늘어나고 권한은 없다.
4	- 평가항목이 체계화 되지 않아 인기투표식 평가가 이루어진다. - 평가결과에 대한 피드백이 전혀 없다.
5	- 전반적 복지증가보다는 임금의 상승이 더 바람직하다. - 평가항목이 다양화되고 세분화될 필요가 있다.
6	- 근로시간 및 복지체계에 대해서 만족스럽다. - 일부 초과근로에 대해서는 당연하게 생각한다.

4. 제도설계 방향

1) 임금체계 문제점 및 주요 개선사항
설문조사, 인터뷰 기존 자료검토, 동종업계 수준 비교 등을 통해서 ① 기본급의 인상 및 기본급 인상 기준의 확립, ② 상여금의 인상, ③ 볼링비의 균등배분(복지비용화), ④ 경영성과급의 지급/임금밴드의 설정 4가지의 주제를 가지고 임금체계 설계를 진행하도록 하였다.

무엇보다 가시적으로 동종/경쟁업체보다 낮은 급여수준으로 인하여 직원들의 이직 등 내부적인 동요가 포착되는 시점에서 연봉자체의 상승이 필수적으로 동반되어야 할 것으로 판단된다.

2) 평가체계 문제점 및 주요 개선사항
직급 및 직무에 따른 평가항목을 세분화하고 각 평가결과를 ① 기본급 차등, ② 승진점수, ③ 변동 인센티브 차등에 반영함으로써 수용성을 높이고 성과에 기반을 둔 평가가 공정하게 이루어질 수 있도록 할 것이다.

IV. 제도설계 및 실행계획

1. 보상제도의 설계

1) 제도설계의 방향
종업원의 동기부여를 강화하기 위하여 직원들이 체감할 수 있는 임금수준을 향상하고 성과에 연동하는 보상체계를 확립하도록 하며, 지속적인 임금인상이 어려운 현실을 감안하여 복리후생제도의 다양화를 통해서 보상에 대한 만족도를 높일 수 있는 방향으로 제도를 설계하도록 하였다.

2) 급여구조의 전반적 개선 방향
(1) 고정 상여금의 기본급 통합
체감급여 상승을 위하여 3개월에 50%씩 지급되는 고정상여금 200%를 매월 분할하여 지급하여 기본급 인상효과를 가져오도록 하였다(상여금은 각종 수당산정의 기초가 되는 기본급을 저하시키는 효과가 있으나, 현재 B기업의 경우 시간외 근로가 발생하지 아니하고 이에 따라서 시간외 근로수당 또한 발생하지 않으므로 상여금을 기본급으로 전환하는 것이 타당함).

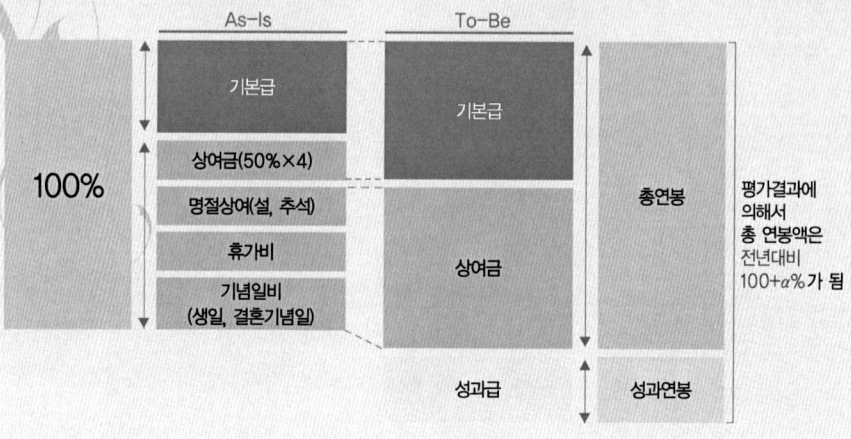

〈그림 8〉 고정상여의 기본급 통합

이와 더불어 복리후생비 차원에서 지급되던 명절상여, 휴가비 등에 대한 일정금액 인상으로 임금 만족도 수준을 향상시킬 수 있을 것이다.

이 밖에 성과 인센티브 제도의 경우, 경영 성과급 및 경영진의 판단에 의한 재원을 기준으로 평가제도와 연동하여 추후 설계하도록 하였다.

(2) 복리후생제도의 설계

기존 볼링대회에 소요되는 연간 총 예산(9,970,000+α)을 기준으로 판단할 때, 1인당 약 54만 원 이상의 복리후생 비용이 배정되는데 이 금액은 직원복지 프로그램 운영이 가능한 액수인 것으로 상정된다.

직원복지 프로그램을 통하여 일정한도 한도 내에서 직원 니즈에 맞춰 항목 및 수혜수준을 선택할 수 있도록 하고 개인별 연간한도를 부여하여 본인의 필요에 따라 적절하게 활용할 수 있도록 함으로서, 간접적인 임금상승 효과가 있을 수 있으며 이와 더불어 직급별로 한도를 다르게 부여함으로써 직급 승진의 Merit를 부여할 수 있다.

〈그림 9〉 복리후생제도의 설계

본 보고서에서 제시한 기본급의 통합 및 인상, 경조 상여금의 인상과 더불어 복지 비용 책정에 따라
직급에 따른 개별 연봉 및 수혜내역을 예로 들어 살펴보면 다음과 같음

기본전제	(1) 기본급과 정기상여금의 통합
	(2) 기본급 5% 인상
	(3) 경조상여 연간 70만원
	    (명절 상여: 설 추석 각각 15만원)
	    (여름휴가 지원비용: 30만원)
	    (생일: 10만원)
	(4) 차별적 복리후생비용 지급(복지카드)

Example — 복지카드 지급수준

직급	금액
이사	55만원
과장	55만원
대리	50만원
주임	40만원
사원	30만원

Case1

직급 : 과장 / 기존 월 급여 : 2,070,000원의 경우 개별 연봉 및 수혜내역은 다음과 같음.

→ 월 급여 : 2,535,750원 / 경조상여 : 700,000원 / 총 연봉 31,129,000원 / 복지카드 지급액 : 550,000원
→ 총 수혜금액 : 36,629,000원
+ 경영성과(PS) 발생 시 추가 성과급 발생 + 기타 근태 및 장기근속, 평가 우수자에 대한 Incentive가능

Case2

직급 : 주임 / 기존 월 급여 : 1,600,000원의 경우 개별 연봉 및 수혜내역은 다음과 같음.

→ 월 급여 : 1,960,000원 / 경조상여 : 700,000원 / 총 연봉 24,220,000원 / 복지카드 지급액 : 450,000원
→ 총 수혜금액 : 24,670,000원
+ 경영성과(PS) 발생 시 추가 성과급 발생 + 기타 근태 및 장기근속, 평가 우수자에 대한 Incentive가능

3) 새로운 보상체계의 확립

(1) 설계 내용 요약

임금제도 설계 Point는 다음과 같으며, 이는 근로자에게 기존의 재원을 재분배하는 방법으로 최소한의 비용투자를 통해 최대한의 효과를 얻을 수 있도록 하는데 초점을 맞췄다.

〈그림 10〉 보상체계 설계

설계 Point	기대효과
고정상여금의 기본급 통합	• 매월 지급되는 기본급 인상효과(체감 급여 인상 효과) • 별도 급여비용 증가 없음 • 기본급의 일부 인상도 고려
복리성 상여금 인상	• 상여금 효과 발생 • 추가 비용 증가 발생
Profit Sharing 도입	• 성취동기 유발 및 공동체 의식 강화 • 기대 급여인상 효과 발생 • 이익의 일정부분에 대한 인건비 전환 필요
복리후생 다양화	• 근로자의 욕구 충족에 따른 간접 급여 인상 효과 발생 • 기존 복리후생 비용의 배분을 통해 별도 비용 발생 없음

(2) 임금 최종설계

경영진과의 협의를 통하여 최종적으로 결정된 임금수준은 이상과 같으며 추후 상세 운영방안에 대해서는 경영진 및 실무진과의 대화 및 결정을 통해서 이루어질 것이다.

〈그림 11〉 최종임금 설계

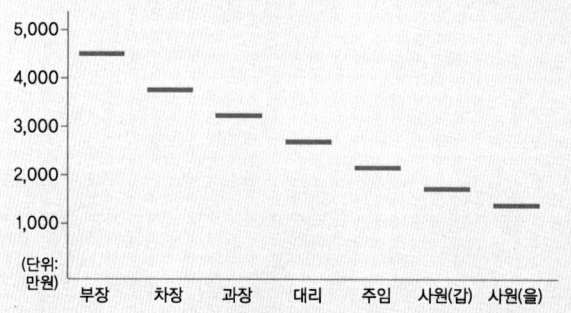

∨ 1년마다 호봉상승
∨ 상중하 3단계 평가에 의한 차등적 호봉상승
∨ 상 : 4호봉, 중 : 3호봉, 하 : 2호봉
∨ (매년 호봉률 변동가능)

∨ S, A, B, C, D등급으로도 호봉상승단계 적용가능
∨ 사원(갑) = 대졸, 사원(을) = 고졸
∨ 승급심사 및 채용 시 호봉 책정은 따로 실시
∨ 경영진 판단 특별 승급에 따라 추가 호봉승급 가능

2. 평가제도의 설계

1) 평가직군의 설정
업무의 유사성, 평가자 선정의 용이성, 업무수준 및 능력, 모수의 타당성을 고려하여 관리자(이사, 부장, 차장), 중간관리자(과장), 일반 정직원(대리, 주임, 사원)의 3가지로 평가직군을 설정하였다.

2) 평가제도 설계의 종합
평가 기본 설계 방향은 ① 평가대상, ② 평가자, ③ 평가기법, ④ 평가요소, ⑤ 평가결과 등 5가지로 나누어 살펴볼 수 있다.

기존 대표이사에 의한 주관적인 평가, 일시적인 인기투표식 다면평가에 대한 불만이 많았던 바, 평가에 대한 구성원들의 수용성을 높이고 공정한 평가가 이루어질 수 있도록 제도를 설계하는데 초점을 맞추어 다음과 같이 B기업의 평가체계를 설계하였다.

〈그림 12〉 평가제도 설계

평가대상	평가자	평가기법	평가요소	평가결과
관리자 (이사, 부장, 차장)	1차: 대표이사 (70%) 2차: 중간관리자 (다면평가/30%)	- MBO(70%) - 역량평가(30%) - 자기평가 평가자 참고용	- 조직성과 + 직무성과 (80%) (20%) - 개인역량(공통, 관리, 직무)	A B C D E 5단계 등급화 번 외 S등급 책정 가능
중간관리자 (과장)	1차: 관리자(60%) 2차: 해당팀(40%) 일반1인 유관부서/ 팀 일반 1인 (다면평가)	- MBO(30%) - 역량평가(50%) - 근태평가(20%) - 자기평가 평가자 참고용	- 조직성과 + 직무성과 (50%) (50%) - 개인역량(공통, 관리, 직무) - 기작 및 결근	
일반 정직원	1차: 관리자(40%) 2차: 중간관리자 (60%)	- 역량평가(60%) - 팀 기여도평가 (20%) - 근태평가(20%) - 자기평가 평가자 참고용	- 개인역량(공통, 관리, 직무) - 팀 기여도평가 - 기작 및 결근	

3) 직군별 평가제도
(1) 관리자 평가제도의 설계
관리자 3인의 경우, 현 조직구조 하에서 평가 가능자는 대표이사가 유일하였다. 하지만 대표이사가 실질적으로 관리팀의 업무수행을 직접 관찰하는 것이 불가능하므로 객관적/정량적으로 평가 가능한 요소들 위주의 평가를 실시하도록 할 필요가 있었다. 또한 수용성 및 공정성을 높이기 위해서 기본적 평가요소들과 더불어 자가 평가 결과를 평가자의 평가 시 참고 반영할 수 있도록 하여 피평가자와 평가자간의 Communication 활성화를 유도하는 방향으로 설계하였다.

〈그림 13〉 관리자 평가제도

평가자	평가종류	반영율		평가방법	지표
대표이사 및 관련팀 중간 관리자	- 조직성과 달성율 (MBO)	80%	70%	- 매년 초 정한 매출액 등의 조직성과 달성 정도에 따라서 평가등급 결정	정량적
	- 개별 직무업적 달성율(MBO)	20%		- 개별 직무 별로 달성 가능한 목표를 설정하여 달성도/정확도 평가를 통한 평가등급 설정	정량+정성적
	- 개별역량평가	30%		- 공통 역량/관리역량/개별 직무역량(다면평가)	정성적
	- 자기평가 결과 반영	+a		- 대표이사의 최종 평가 시 참고자료로서 활용	

평가항목	피 평가자	평가자	가중치	평가방법
개별역량 다면평가	관리자	대표이사	60%	- 공통, 관리, 직무역량에 대한 평가 - 각 평가자 점수에 가중치 부여하여 합산 후 평균값 도출
		관련부서 중간관리자 1인	20%	
		타 부서 중간관리자 1인	20%	

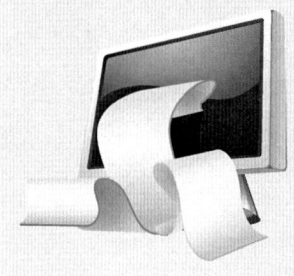

(2) 중간관리자 평가제도의 설계

〈그림 14〉 중간관리자 평가제도

평가자	평가종류	반영율		평가방법	지표
관련부서/ 팀 관리자 및 해당팀원/ 유관부서 팀원	- 조직성과 달성율 (MBO)	50%	30%	- 매년 초 정한 매출액 등의 조직성과 달성 정도에 따라서 평가등급 결정	정량적
	- 개별 직무업적 달성율(MBO)	50%		- 개별 직무 별로 달성 가능한 목표를 설정하여 달성도/정확도 평가를 통한 평가등급 설정	정량+정성적
	- 개별역량평가	50%		- 공통 역량/관리역량/개별 직무역량(다면평가)	정성적
	- 근태 평가	20%		- 지각, 결근 횟수에 따른 평가	정량적
	- 자기평가 결과 반영	+α		- 대표이사의 최종 평가 시 참고자료로서 활용	

- 실질적으로 소규모 조직인 B기업의 조직구조를 고려해 보았을 때, 부하직원 및 동료직원들을 통한 다면평가의 시행은 다소 무리가 있는 것이 사실임.
- 하지만 기존 일괄 하향적 평가결과 결정에 대한 반발이 크고 평가자에 대한 신뢰성이 매우 낮은 상태에서 관련부서/팀의 관리자에게 100% 평가권한을 부여하는 것에는 문제가 있음. 따라서 일부 상향평가의 동시 이행을 고려함.
- 추후, 관련부서/팀 관리자의 역할확립을 통하여 해당 평가반영률을 높이는 것을 고려해 볼 수 있음.

(3) 일반 정직원 평가제도의 설계

〈그림 15〉 일반 정직원 평가제도

평가대상	평가종류	평가자	반영율	평가방법
일반 정직원	역량평가 (BOS)	관련업무 관리자 및 직속 중간 관리자	60%	- 공통, 관리, 직무역량에 대한 평가 - 각 평가자 점수에 가중치 부여하여 합산 후 평균값 도출
	팀 기여도 평가	직속 중간 관리자	20%	- 개인평가만을 중시여기고 팀에 대한 소속감 미비를 방지하기 위함
	근태평가		20%	
	자기평가 결과반영		+α	- 대표이사가 조정시 반영

- 팀원 개개인의 성과를 반영하여 Free Rider 발생을 방지.
- 일반 정직원 평가에 있어서 개인역량 도출을 통한 개인역량평가결과를 60%, 각 팀/부서 중간관리자의 강제할당 방식을 통한 팀 기여도 평가를 20% 평가 결과에 반영함.
- 그럼에도 불구하고, 팀장에 의한 팀 기여도 평가방식의 오류 가능성에 대한 우려가 크다면 팀원들 모두가 이에 대한 평가를 수행, 이의 평균 점수를 적용하는 방법이 대안이 될 수 있음.

3. 실행계획

1) 새로운 임금테이블의 적용
기존 임금테이블 자체가 없어 승진 및 근속연수에 따른 직접적인 혜택에 대한 직원들의 불신이 깊어진 상황이었으므로 이번에 설계된 고과호봉제를 바탕으로 한 임금테이블을 직원들에게 공개하고 이를 직접 적용하도록 하였다(현재 시행중).

2) 평가와 연동된 고과호봉제의 운용
기존의 평가가 경영진에 의한 주관적인 평가와 더불어 인기투표식의 단기적 평가에 불과하여 구성원들의 불만이 매우 높은 수준이었던 바, 평가와 연동된 고과호봉제를 통하여 수용성, 공정성을 갖춘 제도를 운용하도록 하도록 하였다.

3) 경영성과에 따른 Profit Sharing
경영성과에 따른 Profit Sharing제도를 도입하되, 초기에는 전 직원에게 균등하게 배분(영업팀 직원들에게는 일부 초과지급)하고 추후 평가에 따라 연동될 수 있도록 조정해 가기로 하였다.

V. 기대효과 및 시사점

1) 임금상승으로 인한 조직만족도 증가 및 이직완화
이번 컨설팅 조사 결과, 임금수준에 대한 직원들의 불만이 매우 높으며 실제로 동종업계에 비하여 낮은 수준임을 경영진이 인식하게 되어 컨설팅 종료와 함께 평균적인 급여인상이 이루어지게 되었다. 이로 인하여 직원들의 조직만족도가 극대화되고 이직율도 감소할 것으로 전망된다.

2) 맞춤형 교육훈련 등을 통한 업무 능력 향상 및 몰입도 향상
본 컨설팅을 통한 직원평가항목 추출 및 평가 결과를 기반으로 추후 직원들 개개인에 적합한 교육훈련 및 복지체계를 갖추어 직원들의 업무능력을 향상시키고 업무에 대한 몰입도를 향상시킬 수 있을 것으로 판단된다.

3) 내부 관리상의 편리성 및 효과성 있는 HR 관리
기존 임금 및 평가체계가 갖추어지지 않아 내부 운용에 있어 어려움이 있었던 바, 본 컨설팅을 통하여 이를 해소할 수 있을 것이라 기대한다.

4) 법적 Risk 감소
노동 관련법에 따른 회사 내 규정 및 관련 서류를 모두 정비함으로써 추후 발생할 수 있는 법적 분쟁을 최소화 할 수 있었다.

C기업
성과연동형 급여체계 구축

설립일
1997년

업종
광고대행

소재지
서울시 영등포구

인원
약 120명

매출액
약 400억원 (2008년 기준)

근무형태
주간근무 (교대제 없음)

I. 회사소개

1. 개요

C기업은 국내 굴지 신문사의 자회사로 전단광고 전문기업이다. 1997년 설립된 이래 전국적인 영업망을 구축하여 현재 전단광고는 물론, 신문 지면광고, DM 및 직투광고까지 사업영역을 확대하였으며 신문 독자서비스 및 다양한 신문 판촉방법 개발로 구독자를 증대시키는 등 성장과 발전을 거듭하고 있다.

2. 사업영역 및 환경

매체 환경의 다변화가 신문 발행부수 감소로 이어지면서 전단광고 전문기업은 위기를 맞고 있다. 이를 타개하기 위하여 새로운 광고 채널의 개발과 사업영역 다각화 등의 노력이 절실히 요구되는 시점에 와 있다.

또한 상대적으로 인력의 이동이 빈번한 업종인 관계로 인력 수급은 용이한 편이나, 그만큼 근속년수가 짧다는 특징이 있다. 따라서 고급인력을 확보하고 유지하기 위한 방안을 마련할 필요가 있다.

II. 컨설팅 개요

1. 추진배경 및 목적

C기업의 경우 전단광고 기업으로서 급격히 변화하는 매체 환경의 불확실성을 극복하기 위해서는 종업원들의 직무능력 향상 등의 인적 경쟁력 제고와 이를 뒷받침하는 효율적인 인사노무관리 시스템의 구비가 중요하다는 판단 하에 임금직무체계 개선의 필요성이 대두되었다.

2. 컨설팅 범위

C기업은 임금체계에 관련한 일정한 기준이나 평가결과에 따른 차등보상의 기준 등이 미비한 실정으로, 공정한 기준에 따른 Pay Band와 평가-보상을 연동하는 합리적 성과연동제 마련을 통해 보상의 수용성을 높일 필요가 있었다.

따라서 기본적으로 모든 인사제도를 검토대상으로 하되, 컨설팅의 주안점은 현재 개인별로 운용 중인 연봉제를 일정한 기준에 따른 Pay Band 형태로 설계(기본연봉과 성과연봉으로 구성을 분리)하는 것에 두었다.

또한 일괄적인 인상률을 적용해 왔던 방식을 개인별 차등 인상방식으로 변경함에 따라 인사고과 결과를 성과연봉에 반영할 Scheme을 마련해야 하며 인사고과 제도의 운영에 있어서 개별적 직무특성을 반영하기 위한 직무분석을 실시해야 한다는 결론을 내리게 되었다.

3. 컨설팅 프로세스

C기업의 컨설팅 진행은 총 8주의 일정으로 진행되었고, 가장 첫 번째 단계로는 설문지 배포를 통하여 조직의 현황과 조직구성원들의 의견을 수렴하기 위한 작업장혁신 통합진단이 실시되었다. 두 번째 단계에서 직무조사서 배포·수거 후, 직무분석을 통한 직무프로파일 정리 및 직군·직렬·직무 체계 수립을 실시하였으며, 세 번째 단계에서는 본 컨설팅의 가장 중점 이슈였던 임금수준의 외부공정성을 확보하기 위하여 동종업계의 평균임금수준을 고려한 Pay Band 및 내부공정성 확보를 위한 성과연동제를 설계하는 절차를 진행하였다. 마지막 단계로, 컨설팅 결과물에 대한 임원진과 실무자들의 이해를 돕고 최종적인 피드백 과정을 거치기 위한 목적으로 2회에 걸친 설명회가 개최되었고, 대표이사를 포함한 임원진, 주요 실무진들과의 Q&A를 통하여 제도 실행 계획 및 추후의 도입방안 등을 논의하는 절차를 진행하였다.

구체적인 산출물로서는 작업장혁신 통합진단 결과보고서, 진단결과 및 의견수렴 결과를 반영한 컨설팅 수행 계획서(Master Plan)를 제출함으로써 컨설팅 초기의 기대치를 공유하였다. 또한 직무프로파일, 임금체계 개선안(Pay Band) 및 성과연동제(안)와 관련하여 활용할 수 있는 Tool 제공을 통해 추후 원활한 제도 운영에 초점을 맞춘 결과물을 산출하였다.

III. 분석 및 설계방향

1. 통합진단 결과

제도설계에 앞서 직원 대상 설문조사를 통해 현행 인사제도 상에서 나타나는 다양한 이슈를 스스로 점검하고 체크할 수 있는 검토항목을 제공하고 이를 작성하도록 하였다.

그 결과 C기업은 매체환경의 다변화와 경쟁 심화로 인하여 조직 내 건전성 제고와 전략적 인적자원관리의 필요성은 강하게 인식하고 있는 반면, 임금체계에 관련한 일정한 기준이나 평가 결과에 따른 차등 보상의 기준 등이 미비한 실정이었다.

2. 기초자료 분석 결과

C기업은 모회사를 기반으로 안정적으로 성장해 온 국내 최대 전단광고 대행사로서 지난 5년간 특별한 고용조정이 없었으며 노사 간의 분쟁 역시 전무하였다. 그러나 급격한 매체 환경의 변화와 맞물려 지난 3년간 평균매출 증감률이 -10%, 평균 영업이익 증감률이 -3%를 기록하는 등 경쟁력 제고가 절실한 상황이다.

광고매체의 다변화와 광고주 및 소비자의 니즈 변화에 능동적으로 대처하기 위해서는 창조적인 사고를 통한 신규 광고매체 개발이 절대적인 바, 전문성을 갖춘 인력의 확보와 유지, 그리고 이들의 성과에 따른 합리적이고 가시적인 보상과 동기부여가 선결 과제일 것이다.

IV. 제도설계 및 실행계획

1. 직무분석의 목적 및 절차

C기업의 인사고과 제도는 업적고과와 능력고과로 구성되며 직원은 인재육성의 차원에서 능력·태도고과를 중시하고, 관리자는 성과위주의 차원에서 업적고과를 중시했다.

그러나 이러한 고과 결과가 연봉조정, 승진, 교육훈련, 전환 배치 등에 적절히 활용되지 못했기 때문에 가장 시급한 이슈로는 이와 연계된 보상체계의 개선이 요구되었다. 또한 이에 앞서 인사고과 제도를 한층 합리적이고 공정하게 운영하기 위해서는 직무, 직급별 특성과 비중을 고려할 수 있는 근거자료로서 직무체계의 분석 및 정립이 필요한 상태였다.

1) 1단계 : 직무 List Up & 분석 작업

상기한 것처럼 추후 인사고과 제도의 개선을 위해서는 조직 내 직무체계를 정리할 필요가 있었기 때문에 부서별 주요 인원에게 직무조사서를 배포하고 현재 C기업에 존재하는 모든 직무를 List Up하여 직무기술서를 작성하였으며, 직무개요, 주요과업, 필요지식·기술, 예상숙련기간, 선행직무 등을 분석하는 작업을 진행하였다.

〈그림 1〉 직무 List Up & 분석

No	직무명	직무개요	주요과업	필요지식, 기술	예상 숙련기간	선행직무	비고
1	전략기획	기업의 전반적인 경영 기획 및 관리	• 경영기획 • 경영관리 (전사적 조직 구조 및 업무 제도 관리) • 일본 제휴업무	경영 (조직관리, 인사관리, 마케팅), 경제학	2년	영업, 판촉기획 영업지원 직영지원 지국지원	
2	인사/총무	급·상여 및 퇴직금 정산 등 인사노무관리 전반	• 급·상여 관리 • 4대보험 관리 • 거래처 계산서 • 수취 및 처리 • 각종 세금 납부 • 정산 및 신고서제출	경영 (조직관리, 인사관리), 행정학(인사행정), 법학(노동법) 더존, EDI 등 프로그램 활용능력	1~2년	영업지원 직영지원 지국지원	
3	경리	기업의 전반적 자금출납 및 관리	• 일/월별자금관리 • 자금운용 • 예산업무 • 자금출납	회계학, 경영학, 경제학	1년	영업지원 직영지원 지국지원	

2) 2단계 : 직군·직렬·직무 구분

(1) Value Chain 분석

C기업의 직무프로파일을 정리한 후 직군·직렬·직무 분류를 행하기 위한 방법론으로 Value Chain 분석법을 적용하였다. 그 목적은 가치사슬 내의 활동 또는 단계 구분을 통하여 조직 내 어떤 활동이 보다 고부가 가치의 수익을 창출하는가를 규명하는 것이었다. 이를 위하여 조직의

주된 사업 영역 및 성과창출 측면에서 핵심적 기능을 담당하는 Primary Activities와 이를 뒷받침하는 Support Activities의 2개 영역으로 구분하여 분석을 진행하였다.

〈그림 2〉 Value Chain 분석 결과

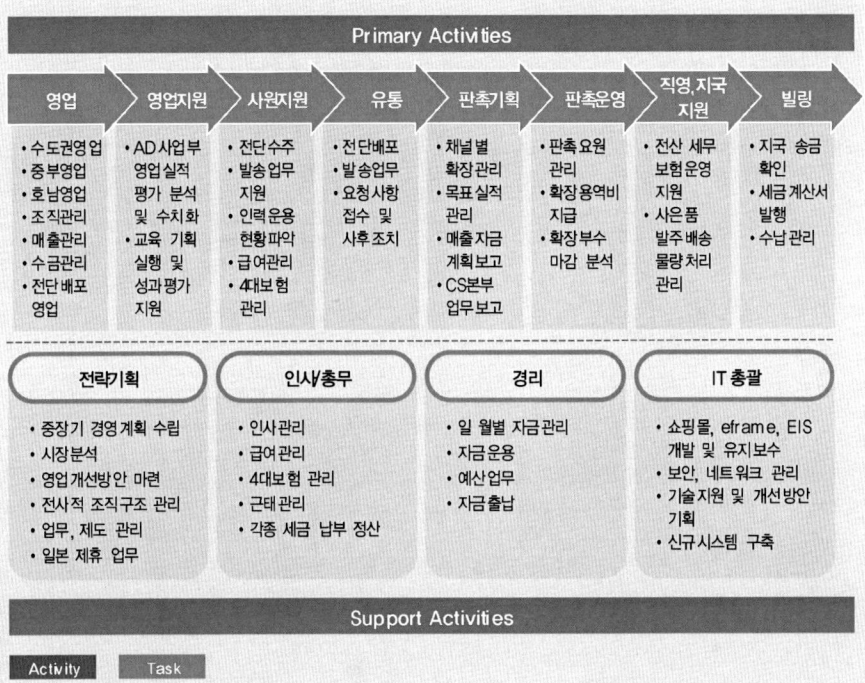

(2) 직렬 구분

상기한 Value Chain 분석을 통하여 나눠진 Primary Activities와 Support Activities를 기준으로 한 가치사슬의 요소들을 재분류하여 총 5개의 직렬을 구분하였다.

〈그림 3〉 Value Cahin에 따른 직렬 구분

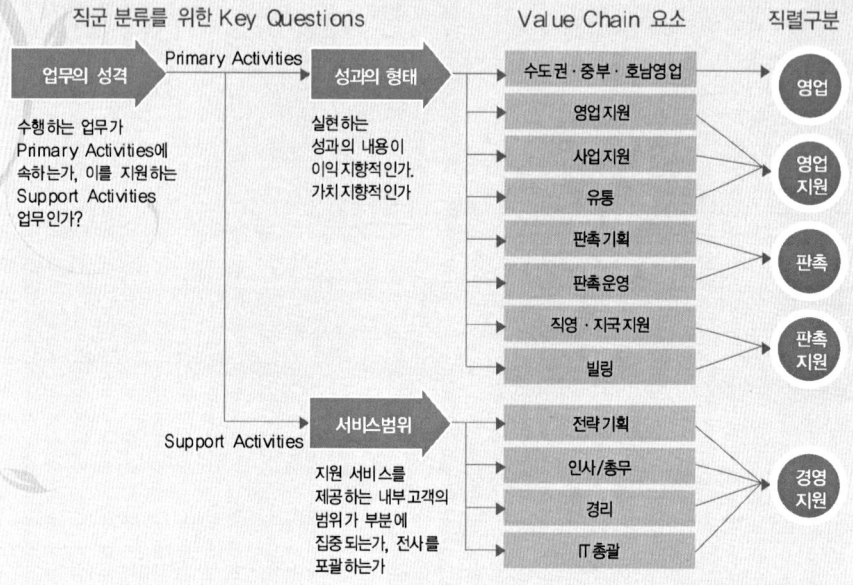

(3) 직무분류 체계 수립

Value Chain 요소를 기준으로 한 직렬 구분 이후, 직군 내 업무들의 유사성, 상호 교류 가능성 등을 고려하여 첫 번째 단계에서 정리해놓은 직무 프로파일을 바탕으로 직무분류 체계를 수립하였다.

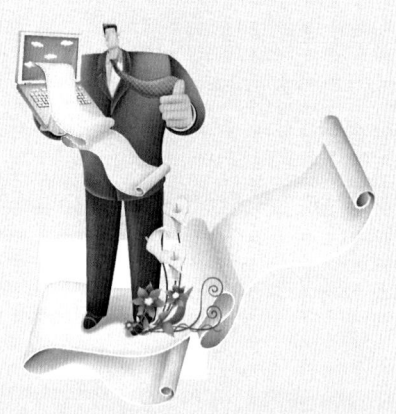

〈그림 4〉 직군 · 직렬 · 직무 분류

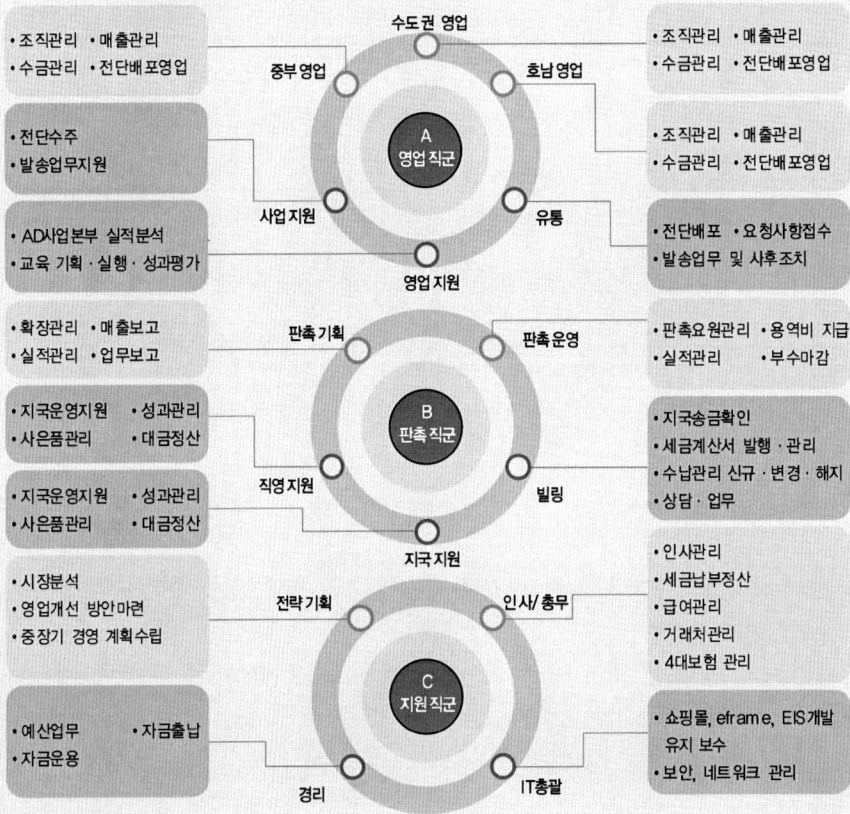

(4) 직군 · 직렬 · 직무 체계 수립

직무분석의 최종단계로서 완성된 직군·직렬·직무 체계에 따른 주요과업을 정리하였고, C기업 담당자들과의 미팅을 통하여 본 자료를 최종적으로 확인하고 수정하는 작업을 거쳐 최종 결과물을 산출하게 되었다.

〈그림 5〉 직군·직렬·직무 체계 수립

직군	직렬	직무	주요과업	비고
영업	영업	수도권 영업	수도권 지역 조직·수금관리, 관계사 업무협조 및 조율, 전단배포 영업	
		중부 영업	중부지역 조직·매출·수금관리, 관계사 업무협조 및 조율, 전단배포 영업	
		호남 영업	호남지역 조직·매출·수금관리, 관계사 업무협조 및 조율, 전단배포 영업	
	영업지원	영업지원	AD사업본부 실적 평가·분석 및 수치화, 교육 기획·실행 및 성과평가·지원	
		사업지원	전단수주, 발송업무 지원, 인력운용 현황관리, 급여 관리, 4대보험 관리	
		유통	각종 매체 전단배포, 발주처에 발송, 거래처 요청사항 접수처리 및 사후조치	
판촉	판촉	판촉기획	채널별 확장 관리, 목표·실적 관리, 매출·지급계획 보고, CS본부 업무 보고	
		판촉운영	판촉요원·지국장 활동점검·관리, 확장용역비 지급, 확장부수 마감·분석	
	판촉지원	직영 지원	직영 전산·세무·보험 등 운영지원, 사은품 발주·배송·불량처리 관리	
		지국지원	지국 전산·세무·보험 등 운영지원, 사은품 발주·배송·불량처리 관리	
		빌링	지국송금 확인, 세금계산서 발행 수납 관리	
지원	경영지원	전략기획	중장기 경영계획 수립, 시장분석 영업개선방안 마련, 일본 제휴 업무	
		인사·총무	인사관리, 급여관리, 4대보험관리, 각종 세금 납부 정산	
		경리	일·월별 자금관리, 자금운용, 예산업무, 자금출납	
		IT총괄	쇼핑몰, eframe, 사내 인트라넷(EIS) 개발 및 유지보수	

3) 운영현황 및 개선방안

C기업의 조직형태는 기능별 조직구조(functional structure)를 채택해 왔으며, 핵심 사업부문인 AD사업본부와 SP사업본부의 수평적 체제를 기반으로 경영지원실이 이를 지원하는 형태로 운영되고 있었다.

이를 토대로 한 직무분석 결과, 각 팀 간의 협력체제는 원활한 편이었으나 영업팀과 판촉운영팀·판촉기획팀, 지원팀과 직영사업팀·지국사업팀의 경우, 기능적 특성상 특히 긴밀한 협력체계가 요구되고 있었다. 그러나 현재 정기적인 직무순환 등의 팀별 배치전환 체계가 부재하기 때문에 AD사업본부와 SP사업본부의 자체 역량을 개발하기 위한 차원에서 직무순환(Job Rotation) 제도도입에 대한 검토가 필요할 것으로 보였다.

또한 추후의 인사고과 제도 운영을 감안하였을 때 직무분석 결과를 바탕으로 개별 직무의 특성을 반영한 업적고과와 능력고과가 이뤄질 수 있도록 매년 이뤄지는 인사고과 요소 설정시 본 자료를 활용(직무별 특성 반영)하도록 하는 실행과제 및 방법론을 도출하고 관련된 실무자들에게 이에 대한 설명회를 개최하였다.

2. 급여체계 개선의 목적 및 절차

C기업은 근로계약 체결 시 일정한 기준 혹은 직무와 무관하게 모든 근로자들과의 개인별 협상에 의해 기본급을 책정하고 연장, 야간, 휴일근로수당 등 법정 수당 명목으로 매월 일정금액을 지급하는 방식으로 연봉제를 운영한 반면, 개인의 능력과 성과를 반영한 임금체계는 미비한 상태였다.

따라서 개인별로 운영 중인 연봉제를 전면적으로 개편하여 법적 기준을 준수하고, 동종업계의 평균임금수준을 고려한 Pay Band 설계를 통하여 일괄적 연봉 인상률 적용에서 개인별 차등인상 방식으로 변경함으로써 임금수준의 외부공정성을 확보하는 방향으로 진행하였다.

또한 현재는 별도로 진행되는 인사고과 결과가 임금에 반영되지 못하는 바, Performance 자극을 위하여 직급이 높아질수록 연봉의 일정 부분을 성과에 따른 변동급(Variable Pay)으로 결정하는 비율을 높임으로써 내부공정성을 확보하고 동기를 유발하도록 하였다.

1) 1단계 : 직급별 Pay-Band 설계

직급별 Pay Band 설계를 위한 첫 번째 단계로서 직무조사 결과를 토대로 한 직급과 호칭 분리 및 직급 세분화를 실시하였다. 기존의 5개 직급(부장-차장-과장-대리-사원)을 호칭의 개념으로 전환시키고, 직급체계를 3개 등급(Junior, Senior, Manager)별 총 9개로 개편하였다 (J1, J2, J3, S1, S2, S3, M1, M2, M3).

또한 기존의 급여구성 항목을 개편하여 Pay Structure를 기본연봉(기본급+각종 수당)과 성과연봉으로 분리하였으며, 성과연봉의 경우 변동급(Variable Pay)으로서 직급이 높아질수록 성과평가에 따른 급여변동 비율을 높였다. 이는 저직급자(J1, J2, J3)의 경우 성과를 창출하기 보다는 역량향상에 초점을 두어야 하기 때문이었고, 고직급자로 올라갈수록 직접적인 조직의 성과창출에 기여할 수 있어야한다는 C기업와의 협의 하에 그 구성 비율을 점진적으로 높인 것이다(J1·J2·J3는 성과연봉 없음, S1·S2의 경우 성과연봉 비율 10%, S3·M1의 경우 성과연봉 비율 20%, M2·M3의 경우 성과연봉 비율 40%).

〈그림 6〉 Job Grade & Pay Structure

등급	호칭	직급	밴드(총45개)	구성비율
Junior	사원(고졸)	J1	J1-1부터 J1-5까지	기본연봉 (100%) 성과연봉 (0%)
Junior	사원(전문졸)	J2	J2-1부터 J2-5까지	기본연봉 (100%) 성과연봉 (0%)
Junior	사원(대졸)	J3	J3-1부터 J3-5까지	기본연봉 (100%) 성과연봉 (0%)
Senior	대리	S1	S1-1부터 S1-5까지	기본연봉 (90%) 성과연봉 (10%)
Senior	과장	S2	S2-1부터 S2-5까지	기본연봉 (90%) 성과연봉 (10%)
Manager	차장	S3	S3-1부터 S3-5까지	기본연봉 (80%) 성과연봉 (20%)
Manager	차장	M1	M1-1부터 M1-5까지	기본연봉 (80%) 성과연봉 (20%)
Manager	부장	M2	M2-1부터 M2-5까지	기본연봉 (60%) 성과연봉 (40%)
Manager	부장	M3	M3-1부터 M3-5까지	기본연봉 (60%) 성과연봉 (40%)

더불어 실제 임금밴드의 설계방법론으로서는 노동부 규모별 임금통계치(직원규모 100~299인 기준)를 활용하여 최저직급의 기준임금액을 고정시켰으며 최저직급으로부터 상승되는 임금격차 수준은 노동부 산업별 임금통계치(출판, 영상, 방송통신 및 정보 서비스업)를 활용하여 결정하였다.

특히 Pay Band 설계 원칙은 일반적인 근속 증가시 일정기간 동안은 생산성이 증가하지만 그 이후에는 감소한다는 특징을 반영하여 임금정책선(Pay Policy Line)이 S자형(체증형과 체감형의 결합)으로 상승하도록 설계하였으며 C기업의 탄력적인 조직운영 및 개인성과를 중시하기 위한 차원에서 하위 Grade와 상위 Grade가 겹치는 중복형 Pay Band(9개 직급별로 5개씩 총 45개로 세분화)를 설계하게 되었다.

〈그림 7〉 임금정책선(Pay Policy Line)

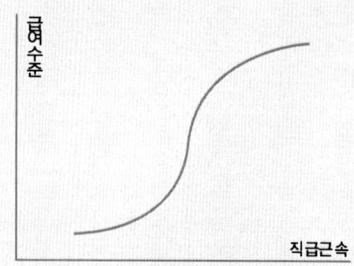

기존의 Pay Band 분석 결과 하위직급의 상한선 임금폭(Pay Range)이 상위직급의 임금폭에 중복되는 비율이 불규칙했지만, 새롭게 설계된 Pay Band는 그 중복률(Over lap)이 50%를 넘지 않는 선으로 설계되어(중복률이 클수록 하위직급에 의한 임금 역전 현상이 과도하게 자주 일어난다는 점을 고려) 하위직급자의 임금인상 기대치 증가에 따른 동기부여 효과와 임금 역전 현상으로 인해 상위직급자가 느낄 수 있는 위화감 사이에서 적절한 균형점을 찾고자 하였다.

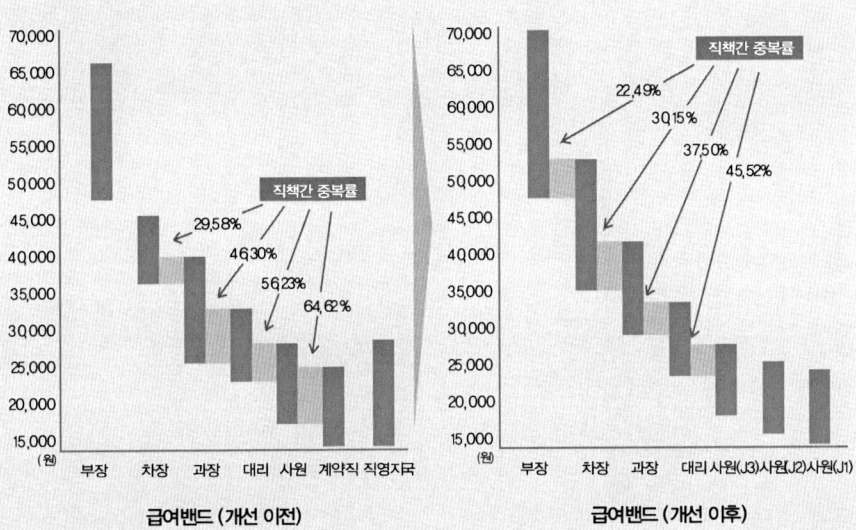

〈그림 8〉 개선 전후의 Pay Band 비교

2) 2단계 : 기본연봉(Fixed Pay) 설계

1단계에서 설계된 Pay Band의 기본연봉(Fixed Pay) 비율에 따라서 그 구성항목은 다음과 같이 결정되었다.

> 기본급 + 식대 + 부가급(연장, 야간근로수당)

특히 기존 급여체계에서 고정적으로 이루어지는 연장, 야간근로에 대한 수당(부가급)을 임금에 포함하는 포괄역산 방식을 채택하고 있었음에도 불구하고 그 기준 및 법적 근거가 모호한 상태였기 때문에 실제 연장·야간근로에 대한 정확한 기준을 설정(실제 평균 연장근로 주 12시간, 야간근로 주 4시간)하여 포괄임금제도를 적정화함으로써 법적 리스크를 제거하고자 하였다. 다만 연봉수준이 낮은 하위 Grade의 경우에는 최저시급이 법적 기준에 미달할 수 있기 때문에 부가급을 기본연봉의 구성항목에서 제외하였다.

3) 3단계 : 성과연봉(Variable Pay) 설계

1단계에서 설계된 Pay Band의 성과연봉(Variable Pay) 비율에 따른 기준성과급(총 연봉의 0~40%)을 설정해놓고, 기존 5개의 인사고과 등급에 따라서 성과연봉이 기준성과급의 90%에서 110%까지 지급될 수 있는 성과연동제를 설계하였다.

〈그림 9〉 성과연동제 기준

고과등급	고과 변영율	성과 연봉액
A (탁월)	110%	기준 성과급 × 110%
B (우수)	105%	기준 성과급 × 105%
C (보통)	100%	기준 성과급 × 100%
D (부족)	95%	기준 성과급 × 95%
E (약간미흡)	90%	기준 성과급 × 90%

4) 4단계 : 관련규정 정비

앞서 이뤄진 Pay Band 결정 및 구체적인 기본연봉·성과연봉의 구성항목 설계 결과의 내용을 C기업의 취업규칙 등에 규정화 시키는 작업을 진행하였다. 먼저 연봉제 개편에 따라서 기존 취업규칙의 관련 조항을 개정하였고, 급여체계에 관련한 세부사항들을 반영하여 별도의 급여규정을 신설하였으며, 직급체계 개편에 따른 세부사항을 반영하여 별도의 승진규정을 신설하였다.

5) 5단계 : Simulation

급여체계 개선을 위한 마지막 단계로, 조직 구성원들의 기존 급여수준을 고려하여 새롭게 개편된 직급 부여 및 Pay Band 적용에 따른 Simulation을 실시하였다. 이는 새로운 급여체계의 도입을 위한 적정성 판단 및 인건비 변동액의 구체적 수치를 제공하려는 목적 하에 실시되었다.

Simulation의 원칙은 전 직원들이 기존 2010년에 받았던 연봉보다 기본적으로 증액되도록 새로운 직급을 부여하고 해당 직급별 Pay Band 적용을 실시한다는 것이었다. 그 결과 기존의 직급(호칭)을 변동시키지 않을 경우 2010년 총연봉액을 기준으로 했을 때 약 1억1천만 원 정도의 추가인상분이 소요되는 것으로 계산되었으며 직급조정을 실시할 경우 약 9천4백만 원 정도의 추가인상분이 소요되는 것으로 나타났다.

3. 실행계획

컨설팅에서 도출된 새로운 급여체계의 Simulation 결과 현재의 연봉수준과 큰 괴리는 없었기 때문에 그 적용은 타당한 것으로 판단이 되었다. 그러나 성과연동제를 실시하는 부분에 있어서는 반드시 전 직원들의 수용성을 확보할 필요가 있었다. 이에 2011년을 기점으로 먼저 새로운 직급체계 및 Pay Band를 적용하되, 성과연동제는 직무분석 결과를 반영한 인사고과 기준이 재정립된 후 추가적인 타당성 검토 및 직원 설명회(12월 예정) 절차를 거쳐서 추후 실행시기를 결정(2012년 예상)하기로 임원진과 협의를 거쳐 내부 검토를 마무리 하였다.

또한 직무프로파일 및 Value Chain 분석에 따른 직군·직렬·직무 체계를 추후 2011년의 인사고과 요소에 반영하기 위한 내부 검토 및 작업은 12월 내로 마무리하는 것으로 구체적인 실행계획을 정리하였다.

V. 기대효과 및 시사점

1. 인사·노무관리 체계의 적법성 제고

기존에 운영했던 포괄임금방식의 산정 기초가 되는 통상임금 범위를 법정 기준에 알맞게 운영하고, 임의적으로 조정되었던 부가급(연장·야간·휴일근무수당 비율)을 현실에 맞게 개선하여 인사·노무관리의 적법성을 제고하고 노동관련 분쟁 발생가능성을 최소화할 수 있게 되었다.

2. 근로조건 개선 및 근로의욕 고취를 통한 생산성 향상

이번 컨설팅을 통해 성과에 기반을 둔 공정한 임금직무체계를 설계하고 인사·노무관리 체계의 적법성이 향상되면 그만큼 근로자들의 근로조건도 개선되므로 이에 따라 근로자들의 근로의욕을 고취하고 동기를 부여함으로써 생산성을 향상시킬 수 있을 것으로 기대한다.

M기업
호봉제 개선을 통한 직무·성과 중심의 임금체계 구축

설립일
1991년 4월

업종
제조업

소재지
충청남도 아산시

인원
219명 (사무직 124명/현장직 95명)

매출액
매출액 721억원 (2009년 12월 기준)

근무형태
주간근무 (교대제 없음)

Ⅰ. 회사소개

D기업은 1991년 OO전자로 출발하여 인버터, 무선송신기, SET-TOP 박스 및 음식물처리기 완제품 등을 생산하면서 성장해 왔다. 경영진 변동, 사명변경 등의 변화를 겪었으나 중국현지법인을 포함한 500여명의 임직원이 주요 사업인 리모컨 및 컨트롤러 제품개발을 위하여 품질향상과 납기준수를 최우선으로 여기며 근무하고 있다.

충남 아산에 위치한 본사는 연구소, 마케팅, 통합구매, 품질보증 등 본사의 역할뿐만 아니라 사출, PCB, Assy 및 조립에 이르는 종합 생산공정에서는 고속 SMT 장비에 의한 CHIP 부품 장착과 Auto Soldering 장비에 의한 자동납땜으로 PCB Assy 제품을 생산한다. 그 외 광주, 중국에 위치한 공장 또한 제조공정을 갖추어 Global 시대에 부응하는 Global 기업의 면모를 갖추기 위해 노력을 기울이고 있다.

〈그림 1〉 주요경영현황 및 인력현황

범주	구분	현황
기초경영현황	1) 업종	• 제조업
	2) 주요제품/서비스	• 리모컨, 컨트롤러
	3) 설립연도	• 1991년
	4) 매출액	• 72,093백만 원
	5) 영업이익	• 1,551백만 원
	6) 사업장수	• 2개
	7) 기업유형	• 코스닥
	8) 소유권	• 국내기업
재무상태	9) 지난 3년간 평균 매출 증감률	• 31%
	10) 지난 3년간 평균 영업이익 증감률	• 흑자전환
고용현황	11) 총 고용규모	• 정규직 219명 (사무직 124명/현장직 95명)
	12) 여성고용규모	• 59명
	13) 정규직 평균근속연수	• 2년 8개월
	14) 지난 3년간 고용증감	• 그대로 유지
	15) 지난 5년간 고용조정여부	• 없음
노사관계	16) 노동조합/노사협의회 유무	• 노조없음/노사협의회 있음
	17) 노사관계분위기	• 노조종속 원만(사)/노사대등원만(노)
	18) 지난 3년간 파업 정도	• 없음
	19) 지난 3년간 교섭력 변화	• 변동없음
	20) 지난 3년간 노사문제로 인한 해고/징계	• 해고 없음/징계 2명

II. 컨설팅 개요

1. 추진배경

1) 현행 연봉제의 검토를 통한 문제점 및 이슈 발견

D기업은 연 2회 실시하는 인사평가 결과에 따라 연봉 조정 및 성과급이 결정되는 연봉제를 원칙으로 하면서도 실제 적용 과정에서 직급과 근속연수에 따라 연봉이 결정되는 사실상의 호봉제 제도를 운영해 왔다.

즉, 성과에 따른 보상이 이루어지지 않고 있어 임금관리 면에서 합리성을 확보하지 못했으며 또한 구성원들이 동종사에 비해 적은 임금을 받고 있다고 인식하고 있어 임금체계의 개선이 필요한 상황이었다.

따라서 현행 연봉제의 관련 규정 및 실 지급내역 등에 대한 적법성 및 합리성 측면의 검토를 실시하여 현행 연봉제와 관련된 문제점 및 이슈를 파악하고자 하였다.

2) 직무·성과를 반영할 수 있는 성과주의 임금체계 개선안 도출

D기업의 사규에는 인사평가를 통해 개인 목표(실적) 평가를 실시하고 이를 기준으로 연봉 조정 및 성과급 차등을 실시할 수 있음이 규정되어 있다. 그러나 실질적인 개인별 성과 및 직무가치에 따른 연봉 조정 및 성과급 차등이 이루어지지 않은 채 연봉은 직급과 근속에 따라 결정되고 있었다.

따라서 현황 진단에 따른 임금체계 적법성/합리성 확보를 위한 설계 방향성을 바탕으로 직무 및 성과에 따른 차등 보상을 실현할 수 있는 성과주의 임금체계 개선안을 도출하고자 하였다.

3) 기 실시한 직무조사를 활용한 직급/승진체계 개선안 검토

D기업은 직급 및 승진체계를 명확히 구축하여 효과적으로 운영해 왔으나 승진 및 승급과 관련하여 구성원들의 개선 요구가 증가하고 있었다. 이에 따라 직급/승진체계의 개선, 특히 승진 누락 발생에 따른 승진 소요연한 조정 등에 대한 검토가 필요해졌는데 이를 위해서는 기 실시한 개인별 직무조사결과와의 연계 가능성에 대한 검토가 선결 과제이다.

따라서 직무기술서 및 직무명세서의 내용에 대한 검토와 함께 직급, 승진, 승급 관련 구성원 인식, 경영진 의사, TFT 협의를 종합적으로 실시하여 직급/승진체계의 개선안을 도출하고자 하였다.

4) 개선안을 반영한 제 규정 개선안 마련

D기업의 임금/직무체계의 문제점 및 이슈 해결을 위한 연봉제 개선안, 직급/승진체계 개선안이 실제로 실행될 수 있도록 관련 인사규정의 개선안이 요구되었다. 이에 따라 직원 설명회 개최시 개선안에 대한 설명을 포함하여 제도에 대한 구성원의 이해를 증진시키고자 하였다.

2. 목적 및 범위

현재 D기업에서 실시 중인 연봉제는 직급과 근속연수에 따라 연봉액이 결정되는, 사실상의 호봉제로 운영되고 있으며 구성원들이 연봉수준을 낮다고 인식하여 퇴사율이 높은 편이다. 이에 합리적인 연봉제 개선을 통해 직무 및 성과 중심의 임금체계를 구축하여 임금관리의 합리성을 제고하고 구성원들의 수용도를 높이고자 하였다.

〈컨설팅 범위〉
- 직무중심의 인사관리 토대 구축
- 업적과 역량 중심 평가제도의 객관성 및 체계성 강화
- 직무를 반영한 개인업적평가 설계
- 평가를 반영한 연봉제형 보상제도 설계
- 역량 기반의 교육제도 강화

3. 컨설팅 프로세스

D기업의 프로젝트는 아래와 같이 5개의 모듈을 사용하여 직무분석, 평가 및 보상제도 설계를 완료하고, 설계내용에 대하여 현업부서와 피드백 과정을 수행한 후 그 결과를 각각의 인사제도에 반영하는 것이다.

<그림 2> 컨설팅 프로세스

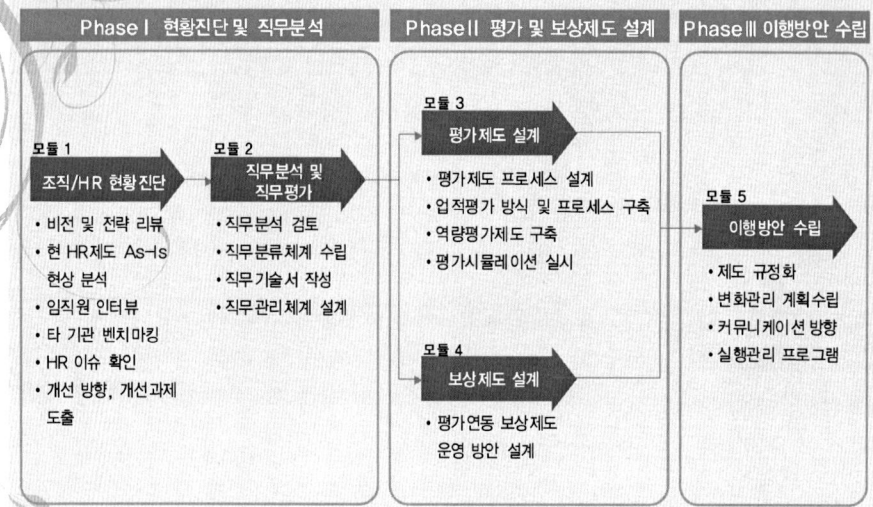

III. 분석 및 설계방향

1. 통합진단 결과

통합진단 결과 가장 낮은 인식수준을 보인 분야는 인적자원육성 분야이며, 특히 만족도가 낮은 항목은 교육참여여건 조성(2.31), 교육요구파악(2.38), 직급/직무별 프로그램 구축(2.43)이었다.

반면, 참여적 작업조직 분야는 상대적으로 높은 인식수준을 보였으며 특히 '작업방법 의견제시', '자율적 작업관리 후원', '작업목표 결정 참여'에 대한 인식수준이 가장 높았다.

전략적 인적자원육성 분야에 경우 보상 공정성에 대한 만족도가 전반적으로 매우 낮았는데, '동종업체 대비 임금수준', '경영성과 대비 임금수준', '능력/노력 대비 임금수준' 및 '경쟁기업대비 경영성과 배분' 항목에서 만족도가 매우 낮은 것으로 나타났다. 특히, 평가 공정성 관련 항목 중 '평가결과 이의제기' 항목에 대한 만족도가 매우 낮았다.

한편 생산적 노사관계 분야의 경우 평균을 약간 밑도는 만족도를 나타냈으며, 그 중 '고충처리' 관련 항목들에 대한 만족도가 낮았다.

2. 기초자료 분석 결과

D기업을 둘러싼 외부환경의 경쟁은 매우 높은 수준이고, D기업의 내부경쟁력을 살펴보면 품목 다양성에서 매우 높은 경쟁력을 보유하고 있으나, 가격경쟁력에서는 다소 미흡한 것으로 나타났다. 한편, 직무관리의 측면에서는 직무조사 및 직무기술서가 개인별로 작성되어 있으며 직무기준 평가제도를 운용하고 있었다.

D기업의 평가제도는 팀장, 3급 이상, 4급 이하를 기준으로 직무, 능력, 태도 평가항목에 대하여 1, 2차 평가자를 선정하고 팀별로 평가등급을 설정하여(4단계 등급할당) 운용해 왔으며, 보상제도는 전통적인 제조업 호봉제(기본급 기준 상여금 100% 지급, 평가제도는 있으나 연봉에 직접적인 반영은 하고 있지 않음)를 운용하고 있었다.

3. 이해관계자 인터뷰 결과

D기업 경영진은 기업 내부의 인프라 구축과 직원들의 조직만족도 제고 필요성을 인식하고 있었으며 학습조직 구축 의지를 보였다. 그러나 직무 및 성과에 대한 평가제도가 보상제도와 합리적으로 연계되지 않은 점에 대한 직원들의 불만은 여전히 남아 있었으며 이에 대한 개선의 필요성을 대부분 공감하고 있었다.

4. 제도설계 방향

1) 제도설계의 주요이슈

D기업에서는 연봉제 시행에 따른 이슈보다는 현재 호봉제 적용에 따른 임금수준에 상당한 불만이 존재하였다. 한편, 연봉제가 실제로 평가결과를 반영하지 않고 있음에도 불구하고 내부적인 평가결과의 형평성 문제를 제기하는 경향이 있었다.

직무기술서 및 평가항목 중 직무내용이 개인별로 작성되어 있고 평가항목에 대한 객관적인 검증절차가 없어 동일 직무수행자 임에도 개인별로 평가항목과 평가결과가 상이한 결과를 초래하여 직원들의 수용도가 낮은 상황이었다. 또한 평가단위의 팀내 통합으로 인해 평가결과가 고령자, 고직급, 직책자 일수록 상향식 평가가 행해지는 연공서열의 형태를 가질 수밖에 없었다.

따라서 평가제도 시행초기 공감대 형성이 미흡하여 평가자체에 대한 신뢰도가 많이 저하되었으며 이에 따라 직무관리체계 및 평가제도의 공정성 확보를 통한 점진적인 연봉제 시행이 요구되었다.

2) 임금직무체계의 문제점 및 주요 개선사항 요약

앞서 언급한 문제를 해결하기 위하여 평가제도의 공정성 확보를 위한 직무관리체계 개선이 요구되는 바, 평가제도 운영 및 결과분석을 통한 평가제도 전반적인 개선이 필요함을 인식하고 개선된 평가제도에 근거하여 제조업 특성을 고려한 연봉제 방안을 도출하고자 하였다.

3) 각 제도별 주요 개선방향

구분	주요 개선방향
직무관리제도 개선방안	직무조사 보완 및 직무기술서/명세서 개선
평가제도 개선방안	평가항목, 평가요소, 평가방법, 평가단위, 평가절차, 평가 결과 산출 방법, 평가결과 활용방안 개선
보상제도 개선방안	평가결과의 임금체계 반영을 통한 실질적 연봉제 개선
기타 제도 개선방안	승진, 팀제운영, 직군제 활용, 인사위원회 운영 개선

IV. 제도설계 및 실행계획

1. 직무관리제도 개선방안

1) 직무조사 보완을 통한 평가항목(업적평가) 도출

팀별 혹은 개인별 평가항목을 추출하기 위해 직무조사를 실시한 결과, 팀장 직무조사지 고안 및 팀장/팀원 직무조사를 통하여 핵심직무를 먼저 도출하였다.

다음으로, 핵심직무별 중요도 선정을 통해 팀 업적평가 항목 및 개인 업적평가 항목을 도출하고, 이를 평가제도(업적평가항목)에 반영하기로 하였다.

〈그림 3〉 직무조사를 활용한 팀 업적 도출방안

직무조사내용					팀업적						
❶중요도	❷직무	❸과업	❹과업세부내용	팀원1	핵심업무(KEY JOB)평가부문	평가항목(CSF)(평가항목)	평가기준(KPI)(평가항목)	가중치	LEVELING			
									최저치	전기실적	당기목표치	달성률
1 구매업무	1. 내자스트립 스트립 발주서 작성		생산관리로부터 발주의뢰를 받고 검토한 후 내수/로칼을 구분하여 각거래처에 발주한다	스트립 발주서 구매 오더 발행	구매절감	원자재 구매비용 절감	목표금액 20백만원 달성시 100% 목표금액대비 달성 금액 비율 기준	30				100%
		조달관리	생산관리, 영업의 의뢰를 받고 각 거래처별로 납기를 조절한다	스트립조달관리								
		내국신용장개설	매월말 입고된 수량 및 규격을 거래처와 확인한 후 내국신용장을 개설한다	내국신용장개설	조달관리	원부자재 납기준수 (FILM류)	2010년 실적 기준 납기준수율 전년도 최저치 기준 목표달성률 (달성차÷최저차)/ (목표차÷최저차)	30	80%	85%(80%최저치)		90% 실적정리예정
		물류마감	매월말 입고된 수량/가격, 규격을 거래처와 확인한 후 R/3에서 회계전표를 발행한다	마감업무								
		입고실적 정리	각 공급업체별 내수/로칼 구매내역을 정리한다									
	2. 외자 스트립(감코) 계약 업무		LME시세 및 국내시장 상황을 고려하여 물량 및 목표 가격을 설정한 후 계약을 한다	캄코 스트립 계약	시장조사	ITEM별 동향	분기당 2건 목표 건수대비 달성건수 비율 기준	25				100%
		규격발주	월별 정해진 계약 물량에 맞는 규격별 수량을 생산관리 영업관리의 협조하에 발주한다	감코스트립 규격 의뢰 및 발주서 작성								
		L/C OPEN	매월초에 명화산업으로부터 OFFER SHEET를 접수후 L/C OPEN한다	L/C OPEN	물류마감	송장검증	5영업일 이내 마감 100% 완료시점 기준 달성:100%, 미달성 1일 초과: -10%	15				100%
		선적 스케쥴 관리	필요에 따라 관련 부서와 협의 후 선적 우선 순위를 정한다	선적 확인 및 선적서류 사본접수								

2) 인사제도 활용을 위한 직무기술서 및 직무명세서 마련

직무조사 결과로 얻어진 핵심직무를 반영하여 기존 직무기술서 개선방안을 마련하였다.
  또한 해당 직무를 잘 수행하기 위한 필요요건, 교육훈련 등의 직무요건을 강화한 직무명세서 개선방안을 마련하였다.

〈그림 4〉 직무기술서 개선안

[직무기술서]

1. 직무 정보 작성일 :   년   월   일

직무체계	직군	직렬	직무명	소속	부서	작성자	확인자
	직종	근무형태			세부부서	관리자	검토주기

2. 직무 목표

핵심목표 1	
핵심목표 2	
핵심목표 3	

3. 직무개요

단위업무(Task)	세부업무활동(Activity)	업무가중치	업무산출물(Output)
1. xxx	a. xxx b. xxx c. xxx		1. xxx 2. xxx
2			
3			
	전체	100	

〈그림 5〉 직무명세서 개선안

4. 학력 및 자격요건

교육수준(필수/일반)	
학과/전공	
필수 자격/면허	

5. 지식/스킬

지식/스킬명	유형	중요도(상/중/하)	과정명(교육기관)

6. 행동역량

중요도	행동역량
1	
2	
3	

7. 주요 커뮤니케이션

위치	협의대상 (부서 or 기관)	협의업무내용	중요도 (상/중/하)	의사소통 빈도
회사내부				
회사외부				

8. 직무관리

연관직무	연관팀	필요교육훈련		직무숙련기간	
		사내	사외	신입	유사직무자	기타직무자

2. 평가제도 개선방안

1) 직무중심의 평가제도 구축을 통한 평가제도 객관성 확보

직무조사에 근거하여 핵심직무를 선정하고(핵심성공요인 설정, CSF) 핵심직무별로 업적평가 항목을 선정하여 평가산정지표(KPI)를 설정하였다. 즉, 팀 및 개인에 대하여 직무를 기준으로 평가항목을 설정하고 평가산정지표를 개발하여 이를 통한 평가제도를 설계하고자 하였다.

2) 평가제도 공정성 확보를 위한 절차마련

평가항목 및 평가결과에 대한 위원회 심사절차를 마련하고, 평가항목 선정 및 평가결과 산출 시 팀장 및 팀원 간의 피드백 절차를 마련하여 평가제도에 대한 수용성과 공정성을 제고하고자 하였다.

〈그림 6〉 평가제도 개선방안

평가단위

단위 1	팀장단위(부장/팀장)
단위 2	팀원단위(과장/주임이상)
단위 3	팀원단위(3급이하-생산직)

평가요소

평가항목 및 단위	역량			업적	
	전사공통	직무전문	리더쉽	개인	팀
단위 1	10	10	80		100
	역량비중 : 10			업적비중 : 90	
단위 2	20	20	60		100
	역량비중 : 40			업적비중 : 60	
단위 3	50	30	20	100	
	역량비중 : 50			업적비중 : 50	

평가자와 피평가자

단위구분	1차 평가자			2차 평가자		
	개인역량	개인업적	팀 업적	개인역량	개인업적	팀 업적
팀장(부장) 단위	담당임원 100%	팀업적	팀업적종합 100%	임원진 의견반영	의견반영	팀업적 심사위원회 (임원진+CEO)
팀원 단위 (주임이상)	부장/본부장 100%	팀업적	부장/본부장 100%	공장장/임원진 의견반영	의견반영	
팀원 단위 (3급이하)	팀장 100%	80%	팀업적 반영 여부검토	부장 의견반영	20%	팀업적 반영 여부검토

〈그림 7〉 평가단위 및 평가요소 개선방안

평가단위			평가요소	평가비중	
개인	역량	전사기본역량	기업전체의 전략과 문화형성을 위한 역량 5개로 구성	직급 및 직위별 차등 설정	역량 및 업적에 대한 평가비중은 평가단위 별로 차등을 두어 설정함
		직무전문화 역량	각 팀의 직무를 수행해 나가기 위해 개발해 나가야 할 역량을 선정함		
		리더쉽 역량	직군별 부장/팀장/팀원이 가져야 할 주도성 역량을 구분하여 역량을 선정함		
	업적		KPI활용 목표 설정시에 정의된 과제 및 각 과제별 KPI에 대한 달성도 평가(직무표준/ 사업계획서를 참고토록 함)	평가단위 별 차등설정	
팀(업적)			• 목표설정시 정의된 팀 중점 과제 위주로 팀업적 달성도 평가 • 평가항목은 직무조사에서 도출된 직무수행내용 별 Key Performance Indicator(KPI)를 작성 및 활용하여 기존의 정성평가의 단점을 극복함 • 팀장의 경우 팀업적을 인용하고, 팀원단위에서는 팀업적 중 직무관련 항목을 활용함		

3. 보상제도 개선방안

1) 평가제도와 연계된 보상제도 마련

평가결과가 실질적인 임금체계와 연계되면서 성과연봉에 반영되도록 급여체계를 기존보다 단순화시켜 구성하였다.

즉, 보상체계를 기본연봉, 성과연봉으로 구성하고 법정제수당은 변동하는 정도를 감안하여 최소 고정급으로 설정하였다. 또한 D기업의 성과달성 여부에 따라 탄력적으로 반영할 수 있는 인센티브 급여항목을 설정하고, 경영성과에 따라 총 연봉에 반영할 수 있도록 구성하여 향후 모기업의 임금체계와 유사성을 갖도록 설계하였다.

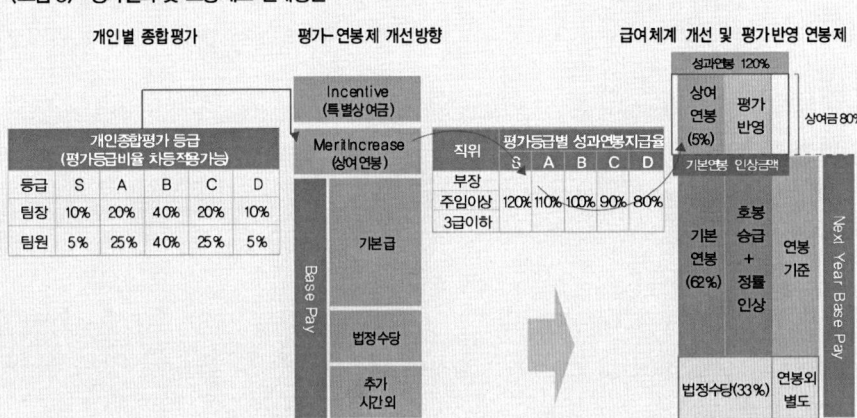

〈그림 8〉 평가결과 및 보상제도 연계방안

2) 제조업 특성을 고려한 연봉제 임금체계 개선

직무특성을 고려할 때 팀장(직급을 불문)의 경우 업무목표 설정이 가능하고 직무특성이 구체적이어서 연봉제(MBO체제) 운영이 가능하며, 주임급 이상의 경우에도 직무특성 및 업무목표 설정이 용이하여 연봉제 대상으로의 포함이 가능하도록 고안하였다.

다만 3급 이하의 경우 대부분 지원업무 또는 협력적 업무가 대부분이고 명확한 업무목표 및 업무평가의 계량화가 어려운 관계로 연봉제보다는 기존 호봉체제를 유지하되, 승진 또는 승급을 위해 평가제도는 개선된 방안을 적용하는 방안을 설정하였다.

제조업의 특성상 관리자급에 준하는 직무가 아닐 경우 실질적인 업무목표 및 평가 계량화가 용이하지 않은 관계로 D기업의 연봉제 대상을 주임급 이상으로 설정하는 것이 타당한 것으로 검토되어, 이를 제안하였다.

4. 기타 인사제도와의 활용방안

1) 승진

D기업은 승진에 대한 규정을 별도로 운영하고 있으나 개선된 평가제도를 활용하기 위해서는 직급별 승진 규정의 개정이 필요하였다.

즉, 현재 호봉테이블을 운영하면서 호봉승급 등의 반영은 유지하되, 구체적인 개념정의 및 적용원칙이 명문화되어 있지 않아서 향후 연봉제 변경시 이에 대한 반영 또는 적용원칙이 필요하다(승호 및 승급의 개념 재정립).

2) 교육훈련

직무수행에 필요한 교육훈련 및 필요교육을 직무조사 보강 및 직무명세서를 통해 도출하고, 향후 평가요소 중 역량평가요소에 대한 결과를 산출하여 부족역량에 대한 교육훈련을 집중할 필요가 있다.

또한 역량사전을 활용하여 역량평가를 실시하고 부족한 역량은 역량평가항목별 결과를 통해 도출하며 회사에 공통으로 필요한 역량은 물론, 직무수행 상 필요한 역량과 팀원과 팀장에게 요구되는 개별 역량을 세분화하여 교육훈련과 연계할 필요가 있다.

3) 배치전환

직무기술서의 직무내용을 기준으로 직무분류를 상세화하고(직군 또는 직렬분류) 직무분류 기준에 따라 직무전환을 실시하여야 한다. 또한 직무명세서의 자격요건을 기준으로 직무전환 배치대상자를 선별하고, 향후 경력직 채용 등에 따른 평가 및 보상책정의 기준으로 활용할 필요가 있다.

(실제로 퇴사한 인력이 재입사한 경우 기준미흡으로 인해 오히려 동일한 직무를 퇴사하지 않고 수행하고 있는 인력보다 임금을 더 상향시켜 지급받고 있는 현상을 해소하는데 조력함)

5. 실행계획

이번 컨설팅으로 새로이 설계된 평가보상시스템을 정착시키기 위해서 먼저 직무관리체계 정비를 위해 직무조사 및 직무기술서 재작성이 요구되며 직무조사결과를 통해 도출한 직무상 핵심성공요인(CSF) 및 평가지표(KPI)를 적극 활용할 필요가 있다.

또한 평가운영규정 및 연봉제 규정의 개정 후, 직원설명회를 개최하여 변화된 제도에 공감대를 형성하고 직원들의 수용도 및 적응도를 높여야 할 것이다.

추가적으로 중앙인사위원회를 구성하고 평가제도 운영을 피드백하기 위한 절차 역시 마련해야 하며 향후 평가제도 안정화 시기 이후 연봉제를 실시해야 한다.

[참고] 향후 추진계획

구분		준비 및 도입기 (2010 하반기 / 2011 상반기)	제도 실행기 (2011 하반기 / 2012 상반기)	제도 정착기 (2012 하반기)
설명회 및 규정개정				
평가제도	업적평가	업적평가 도입 준비(KPI정비) → 업적평가 제도 시행		
	역량평가	역량평가 제도 시행		
	평가체계	팀장(파트장)과 팀원의 업적 및 역량비율 조정 / 평가제도 설명회 및 규정개정 / 업적 및 역량 평가 전산 처리 및 피드백 실시 / 전략목표 수정시 업적평가 항목 변경	업적평가 반영비율 확대 및 연봉제 실시 / 목표수준의 정확성 확보시 업적평가 연계 비중 강화	연봉제와 연계성 강화
		목표점검 / 면담 / 목표점검	목표점검 / 목표점검 / 목표점검	목표점검
	평가지표	KPI지표 점검 / 지표 확정	KPI 수정 / KPI 수정	사업계획 변동에 따라 KPI수정
	평가 프로세스	프로세스 전산화 계획 / 지속적인 평가 프로세스 검토 및 Update / 중간점검	중간점검 / 중간점검	
보상제도		제규정 정비 및 임금체계 개편 및 규정개정 / 기본연봉 및 성과연봉 차등적용실시 (점진적으로 성과연봉 차등폭 확대)		기본연봉 차등폭 확대, 인센티브 제도 확대 운영
직무관리		직무분류 확정, 업무재분장 / 직무조사 및 직무기술서 Update		

V. 기대효과

1. 컨설팅 기대효과

이번 컨설팅을 통해 D기업에서는 직무기반 평가 및 보상제도 운영을 통한 인사제도 운영의 합리성과 효율성을 확보하여 조직구성원의 불만을 최소화하고 사기를 진작시켜 궁극적으로 생산성 향상과 기업경쟁력 강화를 불러올 것이다.
즉, 효율적인 인사제도 적용을 통해 인적 경쟁력을 강화함으로써 현재 내부적으로 가장 큰 문제인 인력유출 방지와 필요인력에 대한 수급확보가 가능해질 것이다.
또한, 연봉제 대상에 대한 명확한 기준설정을 통해 합리적인 연봉제 실행 및 성과관리가 가능해 짐으로써 직무만족도를 향상시킬 수 있으며 승진, 배치전환, 채용 등에 직무기준을 활용하여 임금체계 및 수준에 대한 내부공정성과 외부공정성을 확보하게 될 것이다.

2. 컨설팅 실행을 위한 전제요건

새로 설계된 직무중심의 평가보상시스템을 실행하기 위해서는 직무에 기초한 핵심성공요인 및 평가지표가 확정되어야 한다. 아울러 평가자인 팀장 및 관리자급에 대한 평가자 역량강화(평가오류 방지)를 통해 평가제도가 올바르게 운영되어야 한다.
직무특성에 따른 직군 구분을 실시함으로써 평가단위를 명확히 구분하고 직급 및 직책정비를 통한 팀장 직책 및 역할범위를 확정하여 팀제를 정착(현재 과장급 팀장 존재)시켜야 한다. 또한 중앙인사위원회 운영을 통하여 평가절차의 공정성을 확보해야 한다.

[참고] 중앙인사위원회 운영방안

구분	중심 역할 내용	고려할 점

주체의 선정	• 임원으로 구성
	  - 임원 및 공장장, 본부장을 포함
	• 1차 평가항목심사에서는 TFT 구성방안 검토
	  (현행 인력팀 위주)
		• 중앙인사위원회 규정을 평가제도에 포함 검토
		• 1차 평가항목심사에서는 TFT 구성이 가능하며, 평가결과 심사 및 조정에서는 TFT는 배제됨
		• 4급 이하 및 제조생산직무 근로자의 경우 평가항목 심사는 현장 근로자의 의견청취를 고려할 필요 있음

활동의 범위	• 팀업적평가 항목심사 • 팀업적결과 심사 및 조정(TFT 제외) • 팀장업적결과 심사 및 조정(TFT 제외) • 팀원평가 결과 종합 및 조정(TFT 제외) • 평가제도 개선 및 평가요소 가중치 조정	• 1차적으로 팀장급에서 평가항목 심사는 이루어짐 • 연도별로 평가제도 내용 중 평가요소에 대한 가중치 변동을 논의하도록 함 • 평가결과에 대한 조정시 팀별 업적 가중치 설정여부를 먼저 결정하고 가중치 범위 등을 논의함 - 통상 팀업적 달성결과에 대한 10% 범위내 가중치 설정
평가제도관련 심의사항	• 1차 심사 : 평가항목 공정성 심사 • 2차심사 : 평가결과 공정성 심사 • 심의 및 결과 최종결정권자 : CEO	• 팀업적 평가항목에 대한 위원별 이의제기시 본부장/공장장 단위에서 재심사 후 CEO보고 • 평가항목심사전 부장단위에서 집단검토 실시 요망

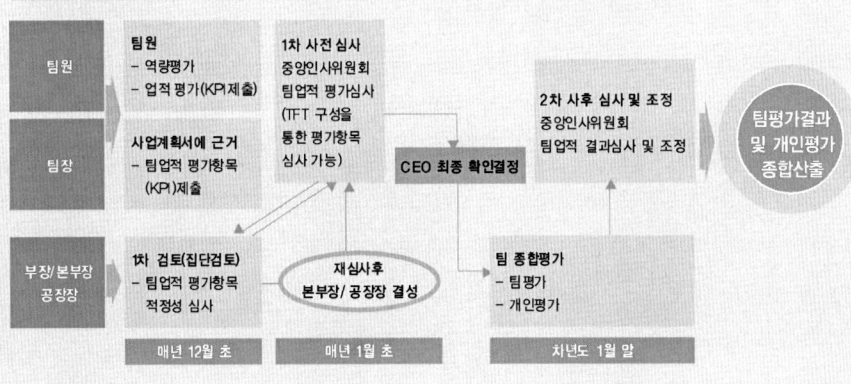

E병원
역량과 성과 중심의 평가보상체계 구축

설립일
2006년 5월

업종
의료서비스업

소재지
경기도 안산시 선부동

인원
517명

매출액
300억원 (2009년 기준)

근무형태
주간근무 및 3교대 근무

I. 회사소개

경기도 안산에 위치한 E병원은 약 400여 병상을 갖춘, 지역에서 주목받는 종합 병원이다. E병원은 2006년 개인병원에서 법인으로 전환하면서 당시 50여명의 인력에서 2010년 7월 현재 500여명의 직원이 근무하는 규모 있는 병원으로 급속하게 성장해 왔다.

E병원은 편안한 병원, 친절한 병원, 깨끗한 병원, 믿을 수 있는 병원이라는 핵심가치 아래 환자의 만족과 보건의료서비스 향상이라는 지역의료기관으로서의 사명을 다하고 있다. 고객을 중심으로 하는 경영방침을 바탕으로 최근 근무제도의 부분적인 변경으로 점심시간에도 진료서비스를 제공하는 등 환자의 만족을 위해 다각적인 노력을 경주하고 있다.

II. 컨설팅 개요

1. 추진배경

어떤 조직이든지 규모의 급격한 성장에 따르는 '성장통'을 겪게 마련이다. E병원도 그 과정에서 노사 간의 갈등으로 인한 아픔을 겪기도 하였다. 최근에는 지방 의료기관이 공통적으로 겪고 있는 간호사 인력 수급 문제에 직면해 있다.

E병원은 이러한 상황을 극복하기 위해 2009년도에는 고성과 작업장 혁신센터의 작업장 혁신 컨설팅을 통해서 조직의 일차적인 문제를 진단하고 부서간의 미션과 주요과업을 재정비하는 프로젝트를 수행하는 등 조직의 변화를 위한 노력을 기울여 왔다.

그러나 병원이 외형적으로 성장하는 것에 비해 구성원에 대한 처우와 보상에 대한 직원들의 불만은 계속 쌓여가고 있었다. 2008년 이후 임금 인상은 동결되었고 간호직군이 인력수급의 어려움으로 시장임금 수준을 맞춰갔던 것에 비해 일부 직군은 매우 낮은 임금수준이 장기간 지속됨에 따라 구성원들 사이에 인사 제도에 대한 불신이 퍼져있었다.

또한 E병원의 임금체계가 형태상으로는 연봉제의 형태를 띠고 있으나 직종별로 호봉테이블을 설정하고 근속에 따라 호봉 승급의 형태로 임금을 인상을 하는 전형적인 연공급 임금체계를 가지고 있기 때문에 성과와 기여도에 대한 보상도 부족하였다.

그리고 매년 근무성적 평가제도를 운영하나 정성적인 평가라는 한계를 보이며 평가를 통한 상대적 임금조정시스템 적용시 평가결과에 대한 불신, 조직위화감 형성이 예측되었다.
따라서 조직의 외형적 성장에 비해 구성원의 안정과 미래가 담보되지 못한다는 인식이 조직 구성원 사이에 만연한 채, 병원의 인사제도가 공정하고 객관적인 잣대로 운영되지 않는다면 병원이 지향하고자 하는 지역 내 최고의료기관의 비전 달성은 장밋빛 구호에만 그칠 수 있다. 따라서 조직에게는 또 한 번의 내홍을 겪을 수도 있다는 위기의식과 진단이 필요한 시점이었다.
그래서 병원은 인사제도 특히 평가와 보상제도에 대한 근본적인 변화를 추진해야한다는 경영진의 인식과 의지 아래 노사발전재단의 임금직무체계 개선 컨설팅을 추진하게 되었고, 2010년 7월 16일 kick-off 미팅을 시작으로 3개월여의 '평가보상제도 개선' 프로젝트를 진행했다.

2. 목적 및 범위

E병원 임금직무컨설팅은 구성원의 몰입을 유도하고 장려하는 임금체계로의 변경, 평가보상제도의 개선을 통한 병원의 지속적인 발전 및 작업장혁신의 달성을 목적으로 하고 있다.
이에 따른 구체적인 컨설팅의 범위는 ① 현재의 연공형 임금체계를 성과중심의 연봉제로 전환, ② 직종별 임금격차 해소 계획 수립, ③ 평가제도의 개선 등 3가지 과제로 압축된다.
특히 직종별 임금격차를 해소할 수 있는 임금체계의 개선은 병원의 구성원들이 주목하고 기대하는 부분이었다. 병원의 지불능력을 고려하면서 직종별 격차에 대한 원인과 해결방안을 찾는 것은 쉽지 않은 과제임에 틀림없다. 또한 평가제도의 개선은 성과중심의 연봉제가 성공적으로 정착하기 위한 필요충분조건이므로 평가제도, 특히 평가요소에 대한 정밀한 설계가 필요하였다.

3. 컨설팅 프로세스

E병원의 컨설팅 프로세스는 4단계의 표준 프로세스로 진행되었다. 계획단계에서 세부일정을 수립하였으며 진단단계에서는 설문조사, 인터뷰, 기초자료분석의 세 영역에서 문제의 원인을 찾고자 하였다. 제도설계단계에서 각 영역에 따른 병원의 맞춤화된 제도를 설계하기 위해서 직종별로 핵심직무수행자가 참여하는 프로젝트 TF팀을 구성하여 매주 회의를 진행하였다. 최종적으로 완성된 프로젝트 결과물을 경영진에게 설명하고 피드백을 받아 보완하였다. 전체 프로젝트 추진 기간은 3.5개월이었으며 컨설팅 수행기관과 프로젝트 팀과의 정기회의는 총 12차에 걸쳐 진행되었다.

<그림 1> 프로젝트 추진 프로세스

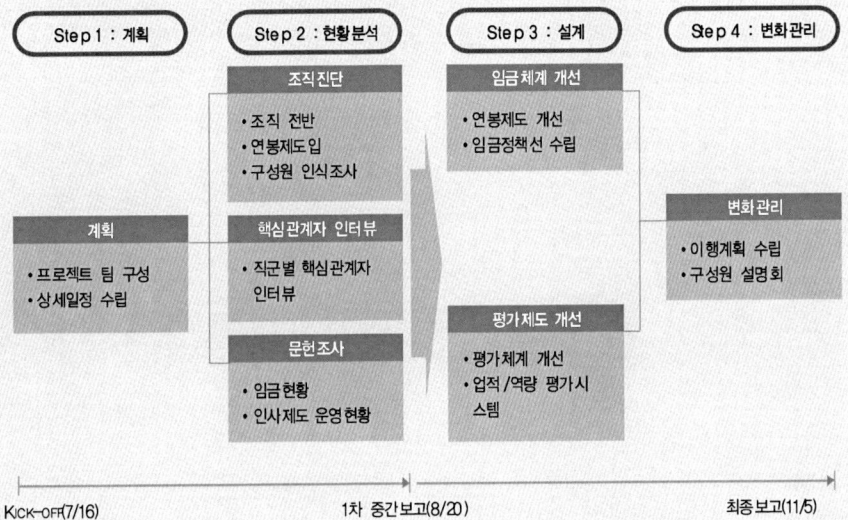

KICK-OFF(7/16)   1차 중간보고(8/20)   최종보고(11/5)

III. 분석 및 설계방향

1. 조직진단 결과

E병원 구성원들의 조직전반에 대한 인식과 인사제도 특히 임금과 평가제도에 대한 인식을 조사하기 위하여 구조화된 설문의 방식으로 2010년 7월 컨설팅 시작과 함께 조직진단을 실시하였다. 병원 전 직원을 대상으로 한 조직진단은 크게 조직운영, 임금제도, 평가제도, 역량설문의 4가지 영역으로 구성되어 있다. 총 371명의 유효응답 표본을 대상으로 한 조직진단 결과는 아래 그림과 같다.

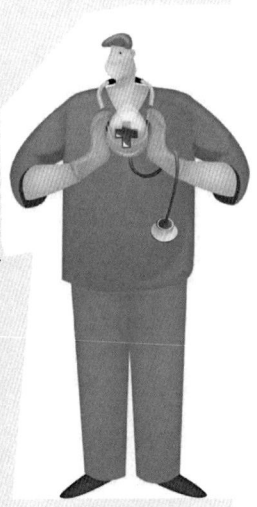

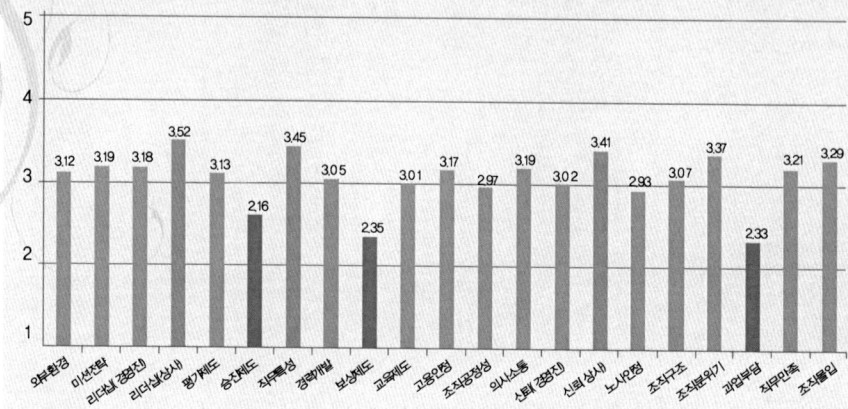

〈그림 2〉 조직전반에 대한 구성원의 인식수준

전반적으로 보통 이상의 높은 인식수준을 나타내고 있으며 직무특성에 대한 인식과 상사에 대한 리더십 평가 및 신뢰수준이 높았으나 인사제도에서는 승진제도와 보상제도에 대한 만족도가 낮고 평가제도에 대한 인식 역시 높은 수준은 아니었다. 특히 과업부담의 수치가 가장 낮아 (역척도이기 때문에 과업부담을 많이 느낀다는 것임) 일에 대한 부담이 많이 느끼고 있었다. 이러한 결과를 보상제도에 대한 인식과 연계하면 본인의 노력에 비해 보상이 적절치 못하다는 인식을 반영하는 것으로 해석할 수 있다.

조직에 대한 구성원의 평균적인 인식도 중요하지만 직군 간 인식의 격차를 확인하는 것이 필요하므로 집단 간 차이를 분석하였다. 집단 간 차이분석에서 병원이 직면하고 있는 조직의 문제를 통계적으로 확인할 수 있었다.

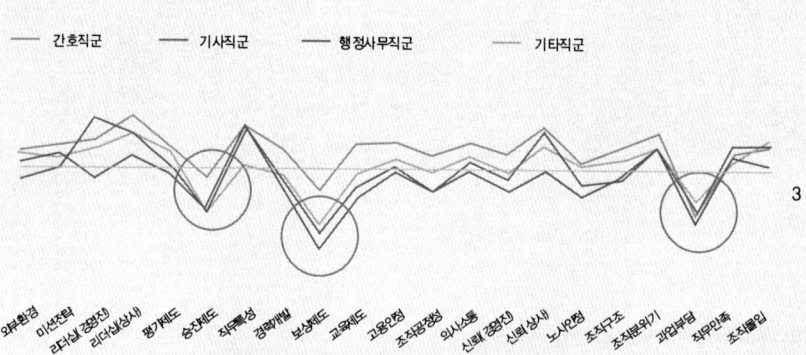

〈그림 3〉 조직전반에 대한 인식(집단간 차이분석)

집단 간의 차이에서 과업부담, 직무만족, 조직몰입을 제외하고 모든 항목에서 그 차이가 90% 신뢰수준에서 통계적으로 유의미하게 도출되었다. 이는 조직을 바라보는 직군 간 인식의 격차가 크다는 의미로, 직군간의 인식의 격차를 줄이려는 조직차원의 노력이 필요함을 반증하는 것이다.

전반적으로 간호직군의 인식수준이 높고 기사직군, 행정직군의 인식(만족)수준이 낮았다. 승진, 보상, 평가, 경력개발, 교육 등의 인사제도에 대한 인식에서 간호직군을 제외한 직군이 보통(3.0)이하의 낮은 인식수준을 보여주고 있었다. 결국 전체 평균 데이터를 보통 이상으로 끌어올린 것은 응답자의 절반 이상을 차지하는 간호직군의 인식이었지만 타 직군의 인식은 이에 미치지 못하는 것으로 제도설계에서 이를 충분히 반영할 필요성이 대두되었다.

또한 현재 임금수준의 만족도는 매우 낮은 편이며, 직군 간 만족도의 격차도 컸다. 임금수준에 대한 인식은 직군 간 인식차가 일관(간호직군〉=기타직군〉기사직군〉=행정사무직군)된 가운데 역량〉성과〉노력대비 임금수준의 격차의 필요성을 인식하고 있었다. 성과중심 연봉제 도입시 조직의 변화에 대해서는 긍정적인 인식과 부정적 인식이 혼재되어 다소 신중한 태도를 보이고 있음을 알 수 있었다.

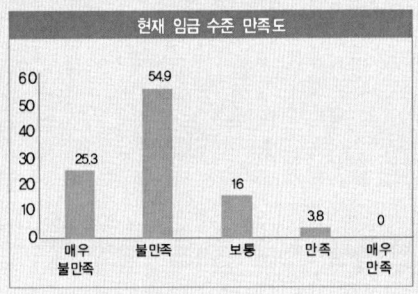

〈그림 4〉 현재 임금수준 만족도

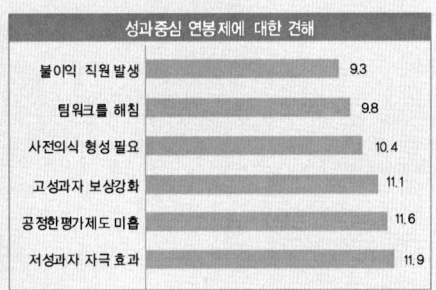

〈그림 5〉 성과연봉제에 대한 견해

2. 이해관계자 인터뷰 결과

병원 구성원들을 대상으로 한 설문조사와 병행하여 문제의 본질을 파악하고 제도설계의 방향성을 찾기 위해 핵심관계자를 대상으로 인터뷰를 실시하였다. 인터뷰 대상은 경영진(간호원장, 행정원장)을 포함한 총 12명을 대상으로 하였다. 인터뷰를 통해 도출한 제도설계의 주요 시사점은 다음과 같다.

1) 직종 간 임금수준이 다양하고 직종 간 임금 격차에 대한 불만이 있음.
2) 병원이라는 업이 숙련이 중요함에도 불구하고 경력의 차이가 있는데 임금의 차이가 없어 미래비전이 보이지 않는 것에 대한 경력직의 불만이 있음.
3) 임금체계의 개선에서 역량/기여도에 따라 추가적 보상이 주어지는 것에 일정부분 공감하지만 팀워크를 해치지 않는 제도 설계가 필요함.
4) 확인 가능하고 예측 가능한 인사 제도 개선과 운영이 필요함.

3. 기초자료 분석결과(문헌조사)

직종별 연봉테이블과 6월에 집행한 임금대장을 기초로 현행 임금체계의 현황과 문제점을 찾고자 하였다.

임금의 구성항목과 지급방식은 〈그림 6〉과 같으며 현행 임금체계의 문제점을 한마디로 요약하면 총액 수준의 연봉관리에 머무른다는 것이었다. 즉, 연봉의 구성이 통상임금을 관리하는 수준의 목적으로만 기능하여 역량과 성과를 임금에 반영하는 성과중심의 연봉제와는 거리가 멀었다. 또한 포괄산정방식의 연봉제 운영에 따른 일부 법적인 문제도 내포하고 있었다.

〈그림 6〉 임금체계 현황 및 시사점

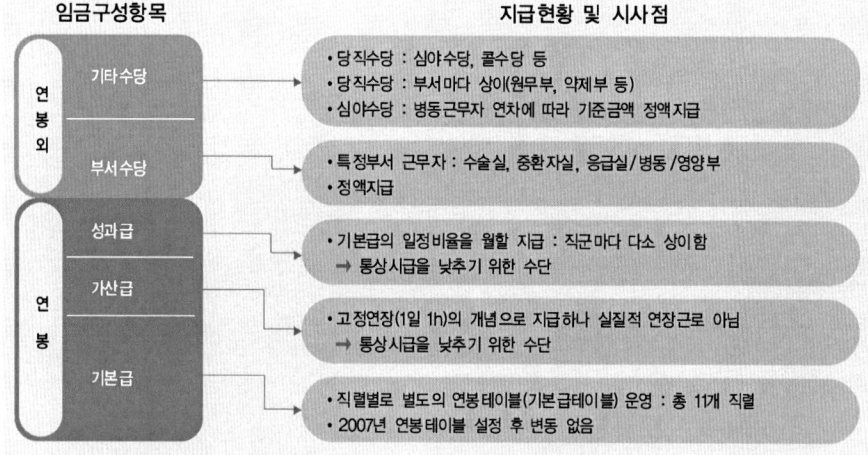

또한 직군 직급별 임금수준과 현황을 분석한 결과 직군별로 조직에 대한 인식수준의 격차가 나타나게 된 원인을 발견할 수 있었다.

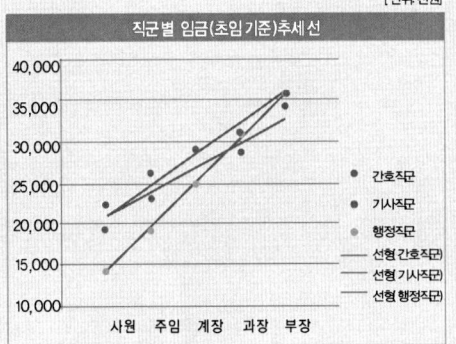

〈그림 7〉 직군별 초임 추세선 [단위: 천원]

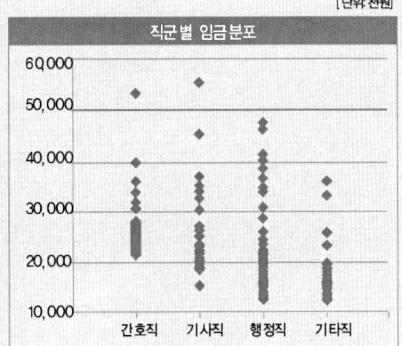

〈그림 8〉 직군별 임금분포 [단위: 천원]

구체적으로 보면 사원의 초임 수준은 간호직＞기사직＞행정직의 순이나 직급별로 초임에 따른 임금상승 추세선의 기울기는 행정직＞기사직＞간호직의 순으로 행정직의 경우 승진에 의한 임금상승폭이 크므로 승진에 대한 기대감과 함께 낮은 직급에서의 임금에 대한 불만이 병존하였다. 간호직의 경우 근속이 오래되어도 임금상승이 크지 않으므로 유경력자의 보상에 대한 불만이 나타났다.

결국 직군별 현재 임금수준 격차가 인사제도 운영에 대한 직군별 인식(만족도)격차의 주된 원인임을 방증하는 것이다.

4. 제도설계 방향

조직진단, 인터뷰, 임금체계 현황 분석을 통한 인사제도 개선의 시사점을 종합하면 다음과 같다.

첫째, 인사제도 운영에 대한 전반적인 인식의 측면에서 임금, 승진, 평가 등 인사제도 운영의 불투명함과 시스템 부재에 대한 불만을 나타내고 있다.

둘째, 임금수준 측면에서는 전반적으로 임금수준에 대한 인식이 낮으며 특히 행정사무직군의 인식이 낮아 해당 직군의 처우 개선이 시급함을 알 수 있었다.

셋째, 임금 체계는 통상임금을 관리하는 목적의 임금체계에서 실질적 연봉제로의 전환이 필요하다. 하지만 성과중심의 연봉제도 운영에 대해 신중한 태도를 보여 연봉제도(임금체계) 개선시 단계적 접근이 필요함을 알 수 있다.

넷째, 평가제도 운영에 있어 객관적인 평가지표와 공정한 평가결과와 같은 결과적 공정성을 중시하고, 임금체계와 무관하게 평가제도(지표, 절차 등)를 보완하는 작업이 필요하였다.

위와 같은 진단 결과를 토대로 설계 기본방향을 공정성 제고, 시스템화, 조직맞춤화, 비전 정렬이라는 4가지 방향으로 수립하고 임금체계개선(임금정책선 설정 포함), 평가제도 개선을 제도설계의 핵심과제로 선정하여 프로젝트를 추진하였다.

〈그림 9〉 제도 설계 방향

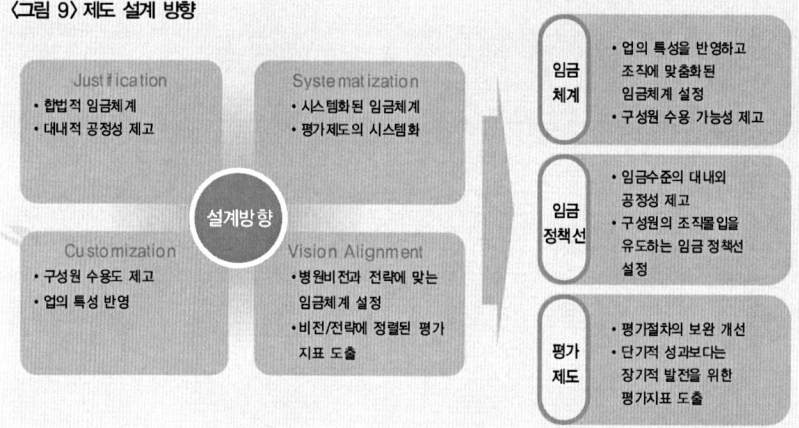

Ⅳ. 제도설계 및 실행계획

1. 임금체계 개선

E병원의 임금체계 개선은 실질적으로는 연공급 형태로 운영되는 형식적인 연봉제를 역량/성과중심의 실질적인 연봉제로 전환하는 것이 주목적이지만 성과중심 연봉제에 대한 조직 구성원의 신중한 태도를 감안하여 단계적인 제도 변경을 도모하였다.

제도 설계의 구체적인 내용은 연봉 외로 지급하는 각종 수당체계는 현행대로 유지하고 연봉의 구성 및 체계를 실질적인 연봉제로 전환하는 방법을 적용하였다. 기본급/가산급/성과급의 비율이 직군/직급에 따라 상이하고 기준이 모호하며 일관성이 없는 관계로, 통상임금 조정

수단으로 이용한 기본급 가산급/성과급이라는 3분체계를 기본연봉과 업적연봉으로 단순화하였다. 또한 성과중심의 차등적 임금상승에 대한 조직 구성원의 불안과 제도의 조기 안착을 위해 성과연봉의 범위를 총 연봉의 14.3% 수준으로 적게 설정하였다. 업적연봉은 기본월봉의 200%(연간)에 해당하는 금액이다.

〈그림 10〉 임금체계 변경

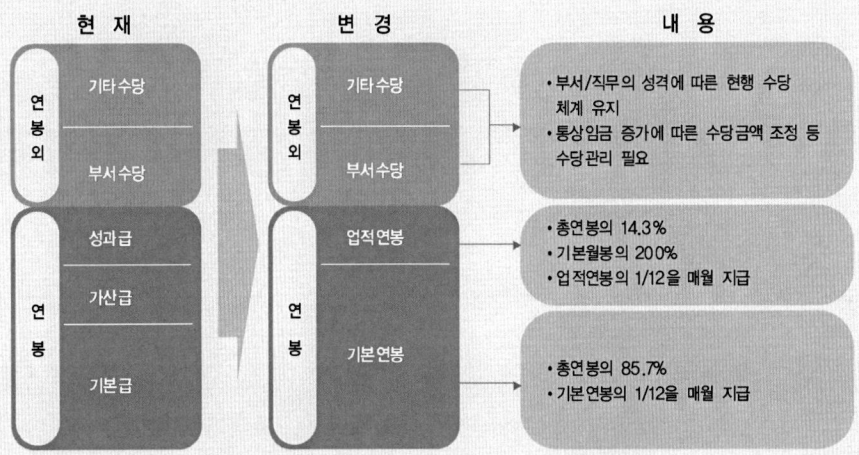

연봉 조정 방식은 기본연봉은 일률적으로 Base-up(누적식)하고 업적연봉은 평가결과에 따라 차등지급하나 비누적식으로 지급하는 안을 제시하였다. 기본연봉의 인상률은 물가상승률을 감안하여 정책적으로 결정, 전 직종에 동일하게 인상하고(평가결과와 관계없이) 업적연봉은 실질적인 역량/업적(성과) 평가 결과에 따라 차등지급하는 방식으로 변경하는 것이다. 평가결과를 기본연봉에 차등인상하는 방식은 제도의 급격한 변화에 따른 조직수용도를 감안하여 추후에 검토할 것을 제안하였다.

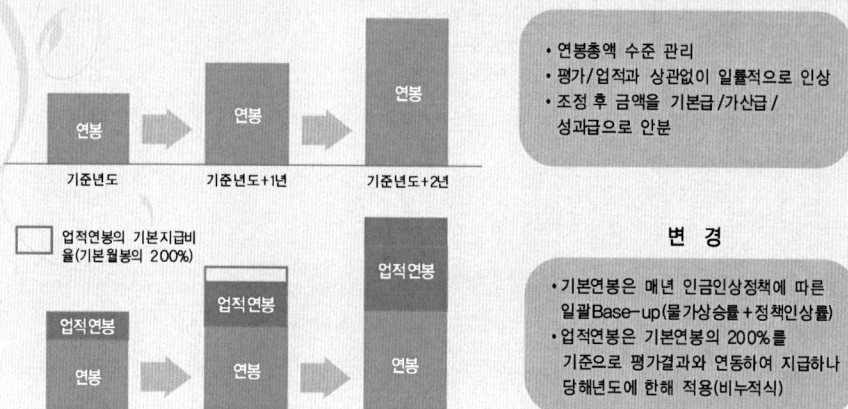

〈그림 11〉 연봉 조정 방식

또한 업적연봉의 차등지급비율은 기본월봉의 200%를 기준으로 하되 Plus-Sum 방식으로 하고 등급배분비율은 정규분포방식이지만 B등급의 할당 비율을 70%로 함으로써 인원비율의 격차를 최소화시켜 제도 수용도를 제고하고자 하였다.

〈그림 12〉 평가군별 인원 및 업적연봉 반영비율

평가등급	S	A	B	C	D
인원비율	5%	10%	70%	10%	5%
업적연봉 지급비율	300%	250%	200%	180%	150%

2. 임금정책선 설정 및 Pay Band 관리

임금정책선의 설정에 앞서 현행 직급체계를 재조정하는 작업을 선행하였다. 현재 직급 부여자가 없거나 직급 간 임금격차가 없어 모호하게 구분된 직급을 조정하고 직급단계를 축소하여 현행 7단계의 직급체계를 직군별로 유지하되 5단계로 조정하고 임금수준과 승진관리의 기초로 적용하였다.

〈그림 13〉 직급체계 조정 내용

현 행

구분	행정직	간호직	기사직	기타직군		
				약무직	기능직	기술직
2급	원장	원장				
3급	부장	부장		부장	부장	
4급	차(실)장	과장	기사장	과장	과장	
5급	과장	수간호사	실장	계장	계장	
6급	계장	책임간호사	책임기사	주임기사	주임기사	기능사
7급	주임	주임간호사	주임기사	약사	가사	기능사
8급	사원	간호사	기사		사원	기능사

변 경

구분	행정직	간호직	기사직	기타직군		
				약무직	기능직	기술직
G5	부장	부장	기사장	부장	부장	
G4	과장	수간호사	실장	과장	과장	
G3	계장	책임간호사	책임기사	계장	계장	기능사
G2	주임	주임간호사	주임기사	주임기사	주임	기능사
G1	사원	간호사	기사	약사	사원	기능사

■ 현재 직급부여자가 없음, 상위직급으로 통합
■ 행정직 차(실)장은 G5으로 관리(임금수평이동)

- 행정직 : 사무직
- 간호직 : 간호사(간호조무사 : G1~G3로 관리)
- 약무직 : 약사
- 기사직 : 의료 자격면허 보유자(물리치료, 작업치료, 방사선, 임상병리, 치위공, 치기공, 영양, 의무기록, 의용공학, 사회 사업등)
- 기술직 : 기타 자격면허 보유자(건축, 기계, 전기, 전자, 통신, 안전관리, 환경, 에너지, 화공, 영선, 조리)
- 기능직 : 단순노무 종사자(수위, 조리, 미화, 세탁, 보조, 노무 등)

임금정책선의 설정은 프로젝트 기간 중에 가장 논란이 되었던 부분이다. 직군별 핵심관계자가 참여한 TF팀 내에서도 직군별 이해관계가 첨예하게 대립되었기 때문이다. 핵심적인 부분은 임금정책선을 3개 주요직군 별로 달리 가져갈 것인지 아니면 통합하여 가져갈 것인지에 관한 문제였다. 현재의 임금수준과 격차를 그대로 인정한다면 직군별로 차별화된 임금정책선을 가져가는 것이 타당하겠지만 직군별 임금격차를 해소하고 직군별 의식을 통합한 조직문화를 만들어가기 위해서는 통합관리가 필요했다. 결론적으로는 통합관리를 모델로 하여 변경 직급(G1~G5)의 임금정책선을 설정하고 이를 권하는 방향으로 결정되었다.

직군별 임금을 통합하여 직급별로 분류하여 Pay-Band를 설정하였다. 현재 직급별 임금의 중위값은 G4(과장) 단계에서 일부 조정이 필요하였으며 직급별 임금을 상·하위 10~20%로 확대하는 방향으로 Pay-Band를 설정하고 임금정책선을 도출하였다.

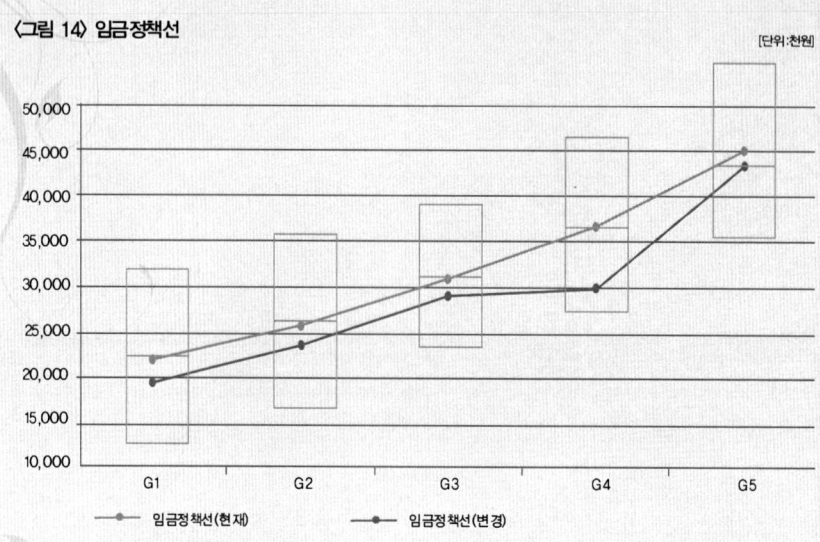

〈그림 14〉 임금정책선

변경된 임금정책선 하에서 직종 간 임금수준의 격차를 줄이기 위해 도입한 방안은 Band 내 임금수준별로 Base-Up 비율을 달리 적용하는 것이다. 이는 평가결과와 현재 임금의 밴드 내 위치에 따라 임금인상비율을 차등적용하는 Merit Increase 방식을 응용한 것으로, 현재 하위 직급에서 상대적으로 낮은 임금을 받는 직군의 임금인상률을 높이기 위한 방안으로 고안되었다. 기본연봉의 인상률을 결정할 때 밴드 내 위치 구간에 따라 정책인상률을 추가로 더하여 인상함으로써 단계적으로 직종 간 임금의 격차를 줄이고자 하였다.

밴드를 3개의 영역으로 구분하여 밴드 하위(1st zone)의 경우 기본인상률+정책인상률(α)을 적용하고 밴드 중위(2nd zone)의 경우에는 기본인상률+정책인상률($\alpha/2$)을 적용, 밴드 상위(3rd zone)는 기본 인상률만 적용하여 구간별로 임금인상비율을 달리 적용하게 된다. 또한 밴드를 벗어나는 상·하위 이탈자에 대하여는 각각 동결 또는 밴드 내 구간으로의 상승이라는 방식으로 임금을 조정함으로써 Pay-Band에 의한 임금관리의 원칙을 제시하였다.

〈그림 15〉 Pay-Band 운영 방식

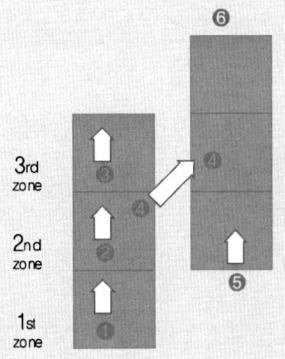

❶ Base-up : 기본인상률 + 정책인상률
❷ Base-up : 기본인상률 + 정책인상률 2
❸ Base-up : 기본인상률(물가상승률)
❹ [Base-up : 기본인상률] + P.I(승진인상)
❺ Base-up : 기본인상률 + 정책인상률 + α
❻ Base-up : 동결

Pay-Band의 구간별 인상률 차등적용 방식에 의한 시뮬레이션 결과 기본인상률을 4%, 정책인상률을 2~4%로 3년간 운영한 이후에는 현재 임금수준이 낮은 행정직의 평균임금수준이 직군별 임금정책선 수준으로 상승이동하게 됨을 확인하였다. 정책인상률을 좀 더 높게 설정한다면 직종 간 임금의 격차를 보다 빠른 시간 안에 해소할 수도 있을 것이다.

〈그림 16〉 Pay-Band 시뮬레이션 결과

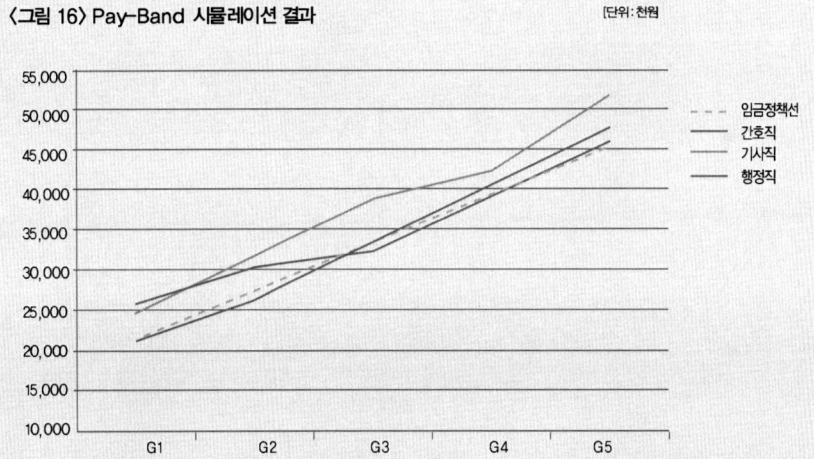

Pay Bnd 운영 시뮬레이션(+3년 변화) 기본인상률 : 4%, 정책인상률 : 2%~4% 적용시(승진 미반영)

기준년도 +3년

구분	G1			G2			G3			G4			G5		
	1st Zone	2nd Zone	3rd Zone	1st Zone	2nd Zone	3rd Zone	1st Zone	2nd Zone	3rd Zone	1st Zone	2nd Zone	3rd Zone	1st Zone	2nd Zone	3rd Zone
간호직군	12	16	158		1	9	7				3	4	2		
기사직군		36	25			4			1		3	4			2
행정직군	13	34	8	1	12	2		2	3	1	1	3	6		1
기타직군	14	25	2												

3. 평가제도 개선

역량/성과 중심의 실질적인 연봉제도의 개선을 위해서는 공정하고 객관적인 평가가 필수적인 요소이다. 이번 프로젝트에서는 병원의 평가제도의 틀을 유지하면서 평가지표를 역량과 업적(성과)에 따른 평가가 가능하도록 현재의 직종별 정성적 평가표를 역량모델링에 의한 역량평가와 BSC 기반의 정량적인 KPI 도출로 전환시키는 것을 주된 설계 과제로 하였다.

1) 역량모델링

E병원의 역량체계를 전 직원에게 공통 적용되는 공통역량과 직급(역할)별로 요구되는 역할역량, 개별 직무수행자에게 요구되는 직무역량으로 구분하고 이 중 공통역량과 역할역량을 디자인팀 회의와 설문을 통하여 도출하였다.

〈그림 17〉 E병원 역량체계도

① 공통역량 : 全직원에게 공통적으로 요구되는 공통가치/핵심가치를 기반으로 핵심역량
② 역할역량 : 역할단계별로 요구되는 리더십 역량
③ PG(Performance Group) : 성과창출단위로서 현재 병원 조직/기능별로 구분
④ 직무역량 : 특정 직무를 성공적으로 수행하기 위하여 요구되는 역량

E병원의 공통역량은 '고객지향', '소통과 화합', '자기계발(전문성 추구)'의 3개 역량으로 선정하고 역할역량은 직급 및 책임단계에 따라 달리 도출하였다. 역할단계는 G3급 이상 직책을 보유하고 있는 Leader와 G2급 이상의 직책을 보유하지 않은 Senior, 육성이 필요한 사원급인 Junior로 구분하고 각 역할단계에 따라 육성하고 평가해야 할 요소를 달리 적용한 것이다.

〈그림 18〉 공통/역할역량 체계

구분	역할 역량	공통역량
Leader (G3급 이상 직책자)	• 비전제시 • 인적자원관리 • 목표공유 • 의사결정	• 고객지향 • 소통과 화합 • 자기계발(전문성 지향)
Senior (G2급 이상 비직책자)	• 솔선수범 • 문제해결 • 기획력 • 즉각적 대처	
Junior (G1)	• 조직몰입 • 윤리성 • 열정 • 변화적응	

도출된 역량별로 역량사전을 통해 역량의 정의, 행동지표를 도출하고 평가를 위한 레벨(수준)을 정의하여 역량 프로파일을 작성하였다.

〈그림 19〉 역량 프로파일

❶ 역량군	공통역량		❷ 역량명		고객지향
❸ 정의	내외부 고객의 요구에 대한 정확한 판단과 신속한 대처로 양질의 서비스를 제공하는 역량				
❹ 대상부서	전 부서		❺ 대상직급		전 직급
❻ 행동지표	• 고객만족과 병원 미션의 성공적 수행과의 관계를 명확히 이해한다 • 서비스의 개선을 위해 창의적인 방법을 모색한다 • 고객의 요구사항과 불만을 명확히 이해하고 응대한다				
❼ 평가판단기준	Level 1	Level 2	Level 3	Level 4	Level 5
	역량개념 부재	미흡	보통	우수	탁월
	고객의 요구에 수동적으로 반응하고 고객불만을 야기한다	고객의 요구에 정상적으로 대응하나 기본적인 서비스만 제공한다	고객의 요구사항과 불만을 명확히 이해하고 응대한다	고객의 근본적인 욕구를 중시하고 일이 더 잘 되도록 행동한다	자신의 업무를 고객의 관점에서 이해하고 창의적인 방법을 모색하여 새로운 프로세스를 만들어 낸다

❶ 역량군 : 공통/역할/직무역량 구분
❷ 역량명 : 해당 역량의 명칭
❸ 정의 : 해당 역량에 대한 정의
❹ 대상부서 : 해당 역량이 필요한 부서
❺ 대상직급 : 해당역량이 필요한 직급
❻ 행동지표 : 해당 역량을 발휘하는 자의 행동특성
❼ 평가판단기준 : 해당 역량의 발휘 정도를 객관적으로 정의하여 평가자의 주관적인 평가 지양(5점 척도)

2) 핵심성과지표 도출에 의한 성과관리

객관적인 평가제도의 구축을 위해 핵심적으로 추진한 것은 병원의 성과관리제도의 틀을 마련한 것이다. 특히 병원의 비전과 전략에 연계된 평가지표를 도출하기 위해 BSC 관점에서 병원의 전략과 핵심성공요인(CSF)을 선행 도출하여 병원의 전략지도(Strategy Map)를 작성하였다.

재무적 관점, 고객 관점, 프로세스 관점, 학습과 성장이라는 4개의 관점에서 병원이 추진해야 할 주된 전략이 무엇인지를 TF팀과 장시간 회의를 통해서 11개의 전략을 도출하고 각 전략별 핵심성공요인(CSF)과 핵심성과지표(KPI)를 도출하는 작업을 진행하여 전략적 성과관리의 기초를 마련하였다. BSC 관점의 전략과 성과관리는 국내외의 선도적 병원에서 구축하고 시행하는 방식으로, 이를 E병원에 도입한 것은 유의미한 결과라고 할 수 있다.

〈그림 20〉 병원의 전략지도(BSC 관점)

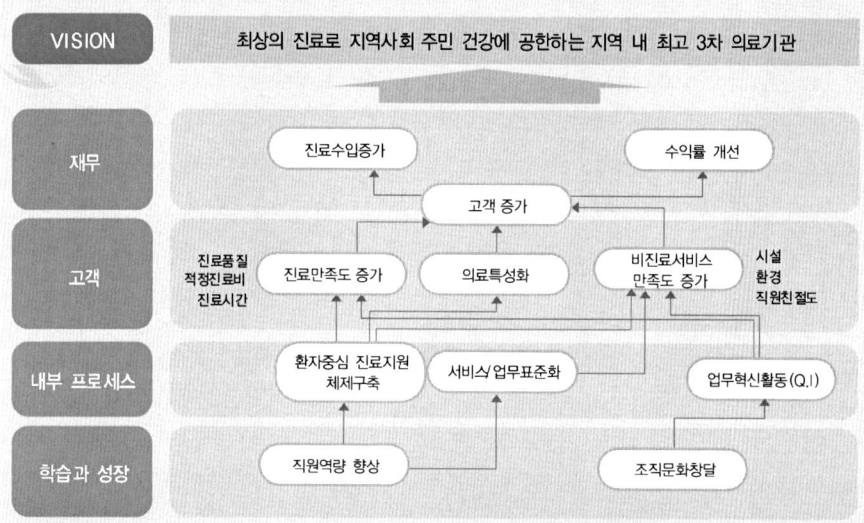

전략과제별 KPI를 도출하는 과정에서 병원이 중점적으로 추진하고 개선해야할 방향성을 확인할 수 있었다. 고객 중심의 경영체제 유지·개선과 더불어 삭감률의 최소화 및 재고관리를 위해 노력이 필요한 점, 지속적인 개선을 위해 QI를 활성화해야 한다는 점 등을 핵심성공요인으로 발견했으며 이를 평가하기 위한 지표를 도출했다.

〈그림 21〉 BSC 관점의 전략 KPI

관심	전략	CSF	KPI	측정산식	정량/정성
재무	진료수입증가	진료수입증가	매출액 증감율	당해년도 매출액/전년도	정량
		삭감률 최소화	신청액대비삭감률	삭감액/청구액	정량
		비진료수입증가	검진매출액 증감율	당해년도 매출액/전년도	정량
	수익률 개선	입원환자 재원일 감소	입원환자 재원일수(인당)	입원일수/환자수	정량
		의약품/소모품 적정재고 관리	의약품/소모품	의약품/소모품	정성
			재고 관리 시스템 구축	재고 관리 시스템 구축	
고객	진료만족도 증가	총 진료시간 단축 (외래)	인당 외래환자 진료시간 (접수-최종수납)	진료시간/환자수	정량
		적정진료비	심사청구삭감율	삭감액/청구액	정량
	비진료서비스 만족도증가	진료의 질(진료/간호/검사)	환자의 진료만족도	진료만족도조사	정량
		시설만족/친절만족	고객만족도	고객만족도조사	정량
	의료특성화	적절한 특성화 전략 수립	적절한 특성화 수립 여부	특성화 수립 여부	정성
내부프로세스	환자중심진료지원체제	정기적 회진/피드백(입원환자)	입원환자만족도	만족도조사	정량
	업무표준화	업무표준화	업무 표준 절차서 작성	업무절차서 작성 건수	정성
	업무혁신활동	제안제도 활성화	인당제안건수	제안건수/인원	정량
		Q.J 활성화	Q.J 경진대회 결과	Q.J 경진대회 결과	정량
학습	역량개발/향상	교육증가	일인당 교육(학습)시간	전체교육시간/인원	정량
		멘토링이 활성화	멘토링 실시율	멘토링 실시/신입사원	정량
			신입사원 이직율	이직인원/채용인원	정량
	조직문화창달	직원의 조직몰입도 증가	직원조직몰입도	직원만족도조사	정량
		부서간(내) 소통 활성화	병원(부서간)의 소통지수	병원 전체 소통지수(EI)	정량
			이직률	이직인원/총인원	정량

또한 도출된 19개 전략 KPI와 관련해서는 적용부서, 측정 및 평가 방법, 목표수준 등을 정리한 KPI 정의서를 작성하였다. KPI 정의서는 KPI의 적용 관리를 위한 기준이 되며 향후 직무 KPI를 도출하고 이를 정의함으로써 전략적 성과관리체계가 수립될 것이다.

<그림 22> 전략 KPI 정의서

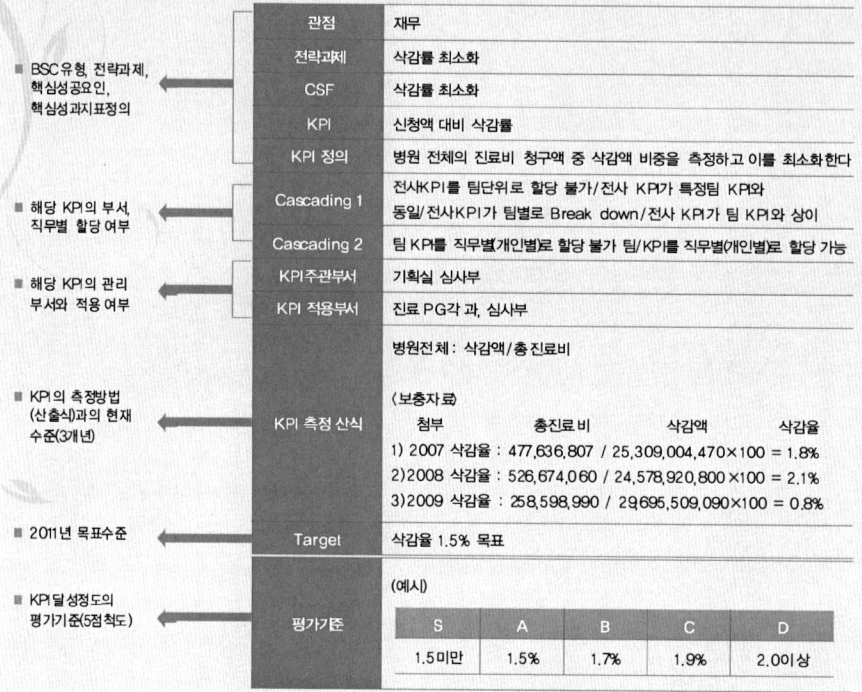

4. 실행계획

E병원의 제도 개선계획은 제도 준비기(2010년 하반기)와 제도 실행기(2011년), 제도 보완기(2012년 이후)의 3단계로 진행할 계획이다. 제도 준비기에는 임금체계 변경 적용을 위한 사전 작업을 실행하며 평가제도 개선에서는 역량평가를 시범 실시하여 지표를 보완하고 업적평가를 위한 개별 직무별 KPI를 개발하고 보완할 계획이다. 또한 전략 KPI에서 도출된 각 제도(제안, QI, 학점이수제 등)의 보완작업을 추진하여야 한다.

제도 실행기(2011년) 단계에서 임금체계는 업적연봉을 반영한 연봉의 수평이동으로 임금체계 변경을 실제 적용하고 평가제도는 부서별/직무별 평가지표별로 목표 및 등급별 수준을 설정하여 변경된 평가제도를 적용할 계획이다.

위와 같은 평가제도와 임금체계가 어느 정도 안정이 되는 2012년 이후에는 기본연봉을 평가결과와 연동하는 Merit Increase 방식의 도입을 검토하는 등 제도 운영상의 문제점을 보완하고 개선할 계획을 가지고 있다.

V. 기대효과 및 시사점

E병원은 임금직무체계 개선 컨설팅을 통해서 직군 간 임금격차의 단계적 해소를 통한 구성원 조직몰입 증가를 기대하고 있다. 또한 객관적이고 공정한 평가제도 운영으로 인사의 공정성을 확보함과 아울러 구성원의 역량향상의 기반을 조성하고자 한다.

E병원 컨설팅에서 특히 주요하게 기대하는 효과는 병원 전사 전략에 기반을 둔 핵심성과목표를 설정함으로써 전략적 성과관리의 기초를 조성하는 것이다. 프로젝트 수행 초기 설문과 TF팀 회의에서 과연 병원 구성원에 대한 평가가 정량적으로 가능할 것인지에 대한 의문과 회의가 조직 구성원들에게 있었다.

그러나 평가의 공정성이란 평가자와 피평가자가 상호 합의하는 객관적인 기준이 설정될 때 운영될 수 있다. 대학병원이 아닌 지역의 종합병원으로서 BSC 기반의 성과관리 제도를 도입하고 이를 추진한 것은 이번 컨설팅의 주된 성과물이라고 할 수 있다. 병원이 역량과 성과에 근거한 평가보상제도를 구축하고 운영하는 초석을 마련하였으므로 이를 더욱 심화한다면 지역병원의 전략적 성과관리의 모범이 될 수 있을 것이다.

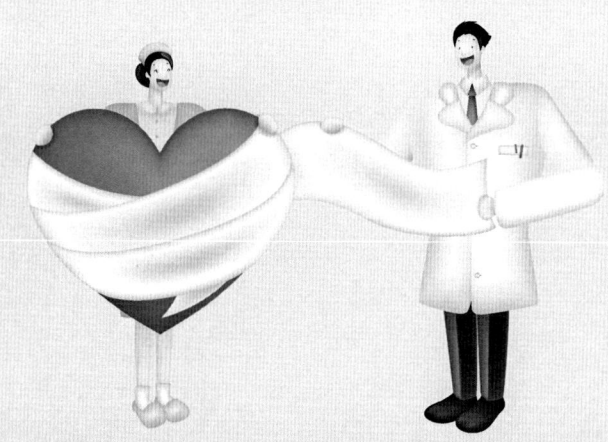

ㅅ기업
검사원 등급제 도입을 위한 임금직무체계 개선

설립일
1986년 10월

업종
공공부문

소재지
서울시 구로구

인원
290명

근무형태
주간근무 및 3교대 근무

Ⅰ. 회사소개

1. F기업 개요

F기업은 「산업안전보건법」 및 「○○○시설안전관리법」에 의한 ○○○ 및 □□□ 등의 안전에 관한 검사·인증업무 등을 수행하고 산업재해 예방과 ○○○ 이용자의 안전유지를 위해 노동부가 기타공공기관으로 지정한 기관이다.

2. 조직 및 인원현황

- 고용형태별 인원현황 (정원 290명)

[10. 5.13 기준]

구분	정규직						비정규직		
총원	소계	상근임원	Leader	Senior	Junior	기능직	소계	계약직	인턴
296	266	3	19	24	204	16	30	26	4

- 연령별 인원현황

연령대	20대	30대	40대	50대	60대 이상
인원	53	175	51	17	1

- 직급별 평균 근속연수

구분	평균 근무기간
임원	9개월
기술위원	1년
Leader	14년 4개월
Senior	11년 4개월
Junior	6년 2개월
기능직	7년 6개월
계약직	9개월
인턴	1개월

II. 컨설팅 개요

1. 추진배경

F기업은 검사수수료와 안전기술 연구용역 등을 통해 운영되는 공공기관으로, 기관의 자유로운 자금 확보와 운영에 한계가 있다. 또한 해당 사업에 대한 전반적인 검사 가능 기준 등이 법률로 정해져 있어 기관 운영예산이 한정되어 있다는 특징이 있다. 이는 조직운영체계 전반에 영향을 미쳐 직원의 인건비 재원의 확보와 운용에 많은 제약이 있음을 의미한다.

F기업은 지난 2004년 전 직원을 대상으로 연봉제로 전환하고 성과에 따른 차등보상을 시도하였으나, 제도에 대한 이해 부족과 평가/보상의 연계 부족으로 연봉제 전환의 목적을 이루지 못하고 있었다. F기업에서는 연봉제 전환 당시 기존의 호봉임금을 기준으로 연봉액을 책정한 후 현재까지 일괄적인 급여인상이 이루어졌고 연봉제 도입 당시의 급여가 기본급여로 설정되어 입사 시기별로 상대적으로 소외받는 그룹이 발생하면서 내부적으로 임금 및 보상제도의 운영 방식에 대한 이의가 여러 차례 제기되었다. 최근 10년간 조직이 급격히 커지면서 체계적인 인사관리시스템을 갖추지 못한 F기업은 공공기관의 성과연봉제 도입에 대한 정부 시책의 대응 요구와 함께 검사원 등급제 도입을 앞두고 이와 연동할 수 있는 임금직무체계의 마련이 요구되는 상황이었다. 이에 2010년 6월, F기업의 노사는 임금협상을 앞두고 인건비 인상재원을 임금의 내부형평성 확보와 검사원 등급제 도입을 위한 임금직무체계 개선을 위해 우선 사용하는 것으로 합의하고 임금직무체계개선 컨설팅을 신청하게 되었다.

2. 목적 및 범위

F기업의 노사는 임금직무체계개선 컨설팅의 목적을 입사 시기별 보상수준의 격차 해소와 보상제도 변경시 소외된 그룹에 대한 적절한 보상기준 마련, 현재 추진 중인 검사원 등급제 도입을 앞두고 직무 및 자격요건 중심의 인적자원관리를 통해 직무책임, 역할의 수준 및 필요한 역량의 수준에 따른 보상제도 마련으로 설정했다. 이를 위해 직무책임 및 역할 수준에 따른 역할급 형태의 임금체계의 설계를 범위로 설정하여 역할급 도입과 내부형평성 확보를 위한 기준선을 일차적으로 제시하는 것을 목표로 노사 TFT를 구성하였다.

3. 컨설팅 프로세스

F기업의 임금직무체계개선 프로젝트는 아래와 같이 진행되었다.

〈그림 1〉 임금직무체계개선 컨설팅 범위

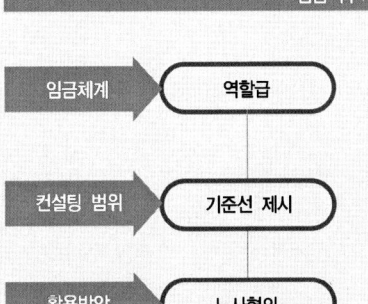

	Module1 컨설팅 지원사업 선정	Module2 통합진단	Module3 임금직무개선방향	Module4 세부설계
Main Activity	• 2010.5.31 임금직무 체계 개선 컨설팅 지원사업 선정 • 주관: 노사발전재단	• 사용자/근로자대표 서면 인터뷰 • 전직원 통합진단 설문조사 실시	• 노사간 임금인상 재원 활용방안 합의 → 급여제도 변경에 따른 소외 그룹/ 입사시기/직위별 내부형평성 확보 • 직무중심 보상제도를 통한 보상 기준 마련	• 급여 정책선 설계 • 예외관리방안 • 기본급 조정방법 • 급여 시뮬레이션을 통한 인상분 및 개별 급여 조정
Output	• 지원신청서 • 협정서	• 설문결과보고서 • 작업장혁신을 위한 제안	• 제도 설계방향	• 정책선 • 예외관리 방안 • 급여 시뮬레이션

III. 분석 및 설계방향

1. 통합진단 결과

고성과 작업장 구축을 위한 작업장 혁신 수준을 진단하고 구성원들의 요구를 다양한 각도와 시각에서 파악하여 바람직한 조직의 변화방향을 수립하기 위해 '작업장혁신 통합진단'을 실시하였다.

경영진, 인사노무관리자, 노동조합 위원장과의 인터뷰와 근로자 설문조사(273명 응답, 92.2% 응답률)로 진행된 통합진단 결과, 각 영역 중 〈전략적 인적자원관리〉에 대한 만족도가 가장 낮게 나타났다.

〈그림 2〉 작업장 혁신 개입 영역 Overall

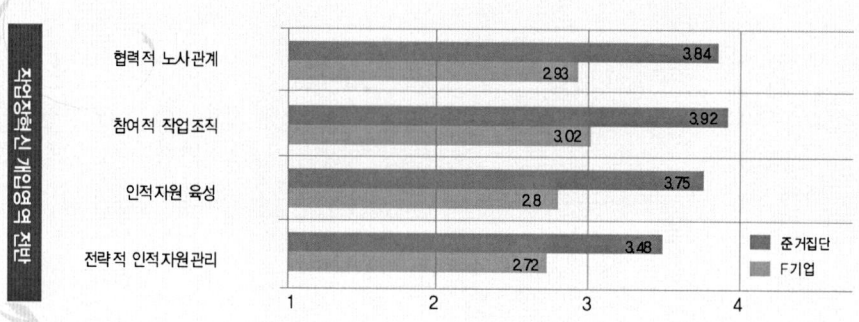

이번 컨설팅 범위와 관련된 〈전략적 인적자원관리〉의 항목별 세부결과를 살펴보면 평가공정성, 보상의 합리성을 낮게 인식하는 것으로 조사되었다.

임금/복지, 승진/평가, 근무환경, 고용, 직원관계, 교육훈련, 경영진과 노동조합 만족도 등으로 구성된 직장만족도와 관련된 조사에서도 이와 유사한 결과가 나타났는데, 임금수준과 인사평가 항목이 2.32와 2.35로 낮은 만족도인 것으로 조사되었다. 또한 직장만족도를 제고하기 위해서는 임금수준(29.8%), 복지혜택의 다양성과 복지수준(15.2%), 인사평가 및 성과평가의 공정성 확보(9.9%) 순으로 개선이 필요하다고 인식하는 것으로 조사되었다.

〈그림 3〉 직장만족도 응답결과

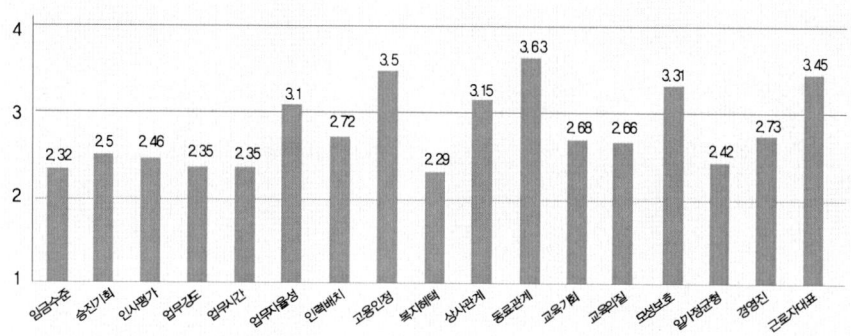

작업장 혁신 통합진단을 실시한 결과, 구성원의 업적이나 자질을 기업목표에 적합하도록 유도하기 위해 합리적인 기준 하에 공정하게 관리하고 평가할 수 있는 제도를 구축하여 공정한 평가를 시행하고 구성원의 삶의 질을 향상시켜야 하며 조직-구성원 간 신뢰관계를 구축하기 위해 합리적인 보상방안을 마련할 필요성이 크다는 시사점을 얻게 되었다.

2. 기초자료 분석 결과

1) 직급제도

경영진과 임금직무체계개선 TFT와의 인터뷰와 문헌조사를 통해 실시한 현황분석 결과, 직급제도와 직책제도는 별개의 제도이지만 직책에 의한 직급제도 운영으로 인해 직급상승이 정체되고 인력운영의 유연성을 확보하는데 장애요인이 되는 것으로 조사되었다.

직급별로 부여 가능한 직책(대응직책)이 설정되어 있는 것이 아니라 직책을 맡아야만 직급 승진이 이루어짐에 따라 한정된 직책에 의해 승진적체 현상이 심하게 나타고 있었다. 직책이 부여되는 Senior와 Leader 직급이 절대적인 소수[1]이므로 이에 대한 개선책으로 승진과 승격을 분리하고 승진 중심의 연공적 직급제도에서 능력과 실적에 따라 임금을 결정하는 방안을 함께 마련할 필요가 있었다.

2) 직위제도

F기업의 직위제도는 보상수준과 연계되지 않은 호칭 중심의 직위제도이나 직위 부여시 최저 연한이 설정되어 있고 평가결과에 따라 일부 직위 승진이 누락되는 경우가 있어 대외적 호칭으로 설정된 제도임에도 불구하고 직원들은 승진의 개념으로 이해하고 있었다. 이는 직위제도의 목적과 직원들의 인식이 불일치하는 것으로, 직위제도와 직급/직책제도가 혼재되어 사용됨에 따라 인사상의 혼란이 발생하는 상황을 방지하기 위해 제도의 일원화 또는 개념의 재설정이 요구되는 상황이었다.

3) 보상제도

직급별/직위별 보상기준이 명확하지 않고 직급제도와 보상제도, 직위제도와 보상제도 간의 연계성이 높지 않았다. 그리고 급여제도가 변경되면서 소외된 그룹이 발생하여 입사 시기별/직위별로 내부 형평성을 확보하지 못하고 동기부여 요인이 불만족 요인이 되었다. 주니어 직

---

[1] 직책은 Junior-Senior-Leader의 3단계로 구성되어 있음. 직책별 인원은 Junior 204명, Senior 24명, Leader 19명임.

급의 경우 해당 인원이 과도하게 많아 급여격차가 크게 존재했으나, 특히 시니어 직급보다 높은 급여를 받는 경우도 있는 것으로 조사되었다.

직급에 따른 급여격차가 크게 존재해 역(逆)C자형의 임금분포도가 나타났는데, 근로자의 노동생산성과 보상간의 연계 여부에 대한 검증을 통해 능력과 보상 간의 합치 여부를 살펴보고 노동생산성 변화와 근로자의 생애주기에 따른 소득 격차를 줄이기 위한 변화가 요구되었다.

4) 인력운영상 애로사항

F기업은 최근 10년간 조직이 급격히 커지면서 체계적인 인사관리시스템을 갖추지 못한 것으로 조사되었다. 최근 역량 검증시스템을 마련할 필요성이 증대되자, 검사원의 수행직무에 대한 등급을 설정하여 검사원의 역량강화와 서비스질 향상을 위해 검사원 등급제를 도입하고 직무역할 중심의 인사관리체계 마련을 준비해 왔다. 그러나 검사원 등급제 도입을 위한 보상제도의 방향이 설정되지 못해 구체적인 논의가 이루어지지 않고 있었다. 또한 공공기관의 성과급 비중 확대 등 성과주의 보상제도에 대한 반영의 필요성이 점차 높아지면서 새로운 인력운영 정책의 수립이 요구되었다.

3. 제도설계 방향

현황분석 결과를 통해 입사 시기별 보상 수준의 격차 해소와 보상제도 변경시 소외된 그룹에 대한 적절한 보상기준 마련, 현재 추진 중인 검사원 등급제 도입에 앞서 직무 및 자격요건 중심의 인적자원관리를 통해 직무책임, 역할 수준 및 필요한 역량의 수준에 따른 보상제도 마련으로 제도설계 방향을 설정했다.

IV. 제도설계 및 실행계획

1. 임금직무체계 개선 프로세스

보상제도의 내부형평성 확보와 직무역할(Role Grade) 명확화를 위한 임금직무체계 개선 프로세스는 현행 보상체계 분석, 보상전략 수립, 보상체계 설계, 그리고 급여시뮬레이션 순서로 진행되었다.

〈그림 4〉 임금직무체계 개선 프로세스

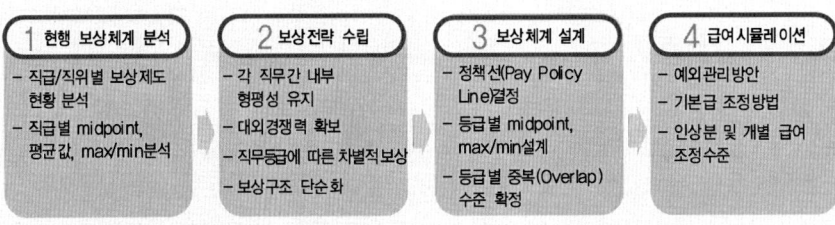

2. 현행 보상체계 분석

1) 직급별

아래 그림에서 보는 바와 같이 직급별 평균값을 살펴본 결과, 직급이 올라갈수록 급여격차가 커지는 반면, 하위직급일수록 Overlap되는 범위가 큰 것으로 나타나 직급에 맞는 역할 부여와 급여의 조정이 필요한 것으로 조사되었다. 직급별 midpoint의 상승률은 시니어에서 리더 직급이 되는 경우 더 커지는데 직급별 급여격차가 발생하는 요인에 대한 객관적인 증빙을 통해 내부공감대를 형성하는 것이 요구되며 직급별 역할에 적합한 급여수준의 설정이 별도로 필요한 상황임이 도출되었다. 특히 주니어의 경우 중간값과 평균값의 차이를 줄이는 것을 우선순위에 두기로 했다.

〈그림 5〉 직급별 고정급 현황   (단위 : 천원/월)

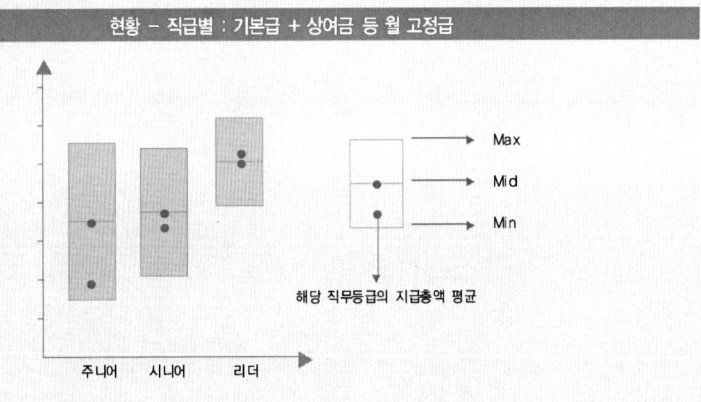

2) 직위별

직위별로 보상제도를 살펴본 결과, 직위별로 급여수준이 구분되고 있었다. 따라서 직위별 급여제도를 준용하여 검사원 등급제 도입을 위한 급여제도를 설계하는 것으로 방향을 설정했다. 검사원등급제 도입시 초기 등급 배정을 현재의 검사원의 직위를 기준으로 하기로 이미 내부 논의가 되어있어 제도 설계 방향에 대한 공감대와 실효성을 더욱 높일 수 있는 계기가 되었다.

과장과 차장 직위의 승진가급이 타 직급에 비해 높은 편이고 대리와 과장의 경우 직위 이동 시 승진가급이 작으므로 과장 직위에서의 급여인상에 대한 요구가 높은 것이 예상되었다.

기존 급여현황을 기준으로 새로운 직무중심의 보상제도 도입을 위한 정책선과 Pay-Band를 설계하는 것으로 방향을 설정했다.

〈그림 6〉 직위별 고정급 현황 (단위 : 천원/월)

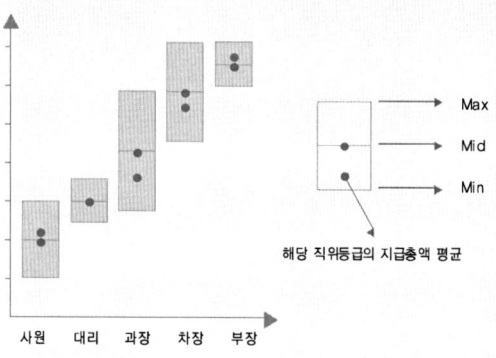

3. 보상전략 수립

보상체계의 현황분석을 통해 보상전략을 수립했으며 특히 제도 설계의 가이드라인을 제공한다는 측면에서 주요 내용을 선정하였다. 우선 조직 내 수행 역할 및 보유역량 등 객관적인 기준에 따른 보상제도 마련으로 내부 형평성을 확보하고 입사 시기별 보상 수준의 격차를 해소하며 보상제도 변경으로 인해 소외된 그룹에 대한 적절한 보상기준을 마련하는 것을 우선 전략으로 선택하였다. 그리고 보상을 통한 동기부여와 성과에 따른 차별적 보상체계의 마련, 우수인력 확보 및 유지를 위한 대외경쟁력 확보를 주요 보상전략으로 채택하였다.

〈그림 7〉 보상전략 수립

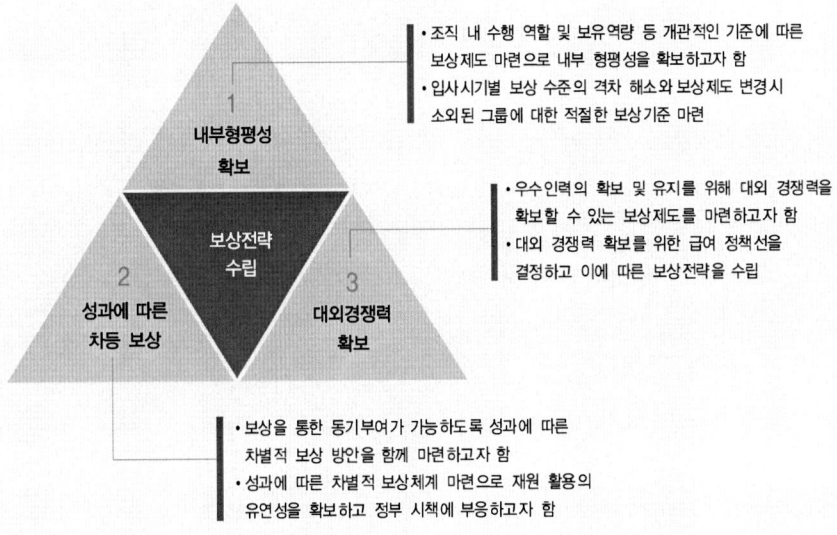

4. 보상체계 설계

1) 정책선 결정

앞서 채택한 보상전략에 따라 F기업에 적합한 급여 정책선을 설정하였다. 우수인력 확보와 대외경쟁력 확보를 위해 시장급여보다 높은 급여에서 시작하는 것을 우선순위로 하여 정책선을 결정하였다.

〈그림 8〉 F기업의 정책선 결정

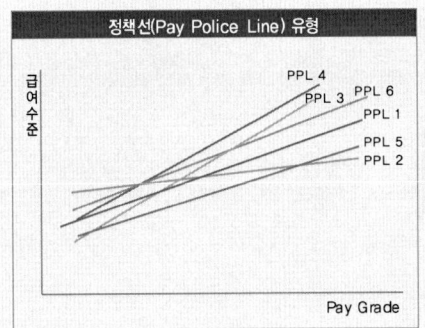
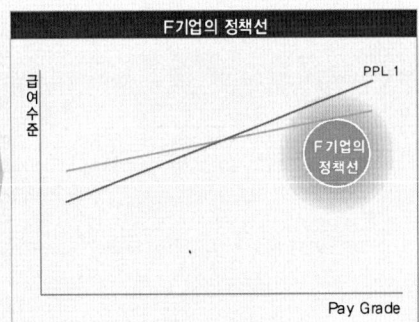

■ 정책선 유형
PPL 1 : 시장의 급여수준 평균 일치
PPL 2 : 하후상박 구조, 신규 인력수급이 어렵고 근속기간과 직무성과가 연관이 적은 단순 직무에 활용.
        고직급의 자발적 이직 유도 가능
PPL 3 : 상후하박 구조, 신규 인력수급은 쉬우나 근속과 함께 Know-How가 축적되는 전문 직무에 활용. 장기근속 유도 가능
PPL 4 : 저직급에서는 시장급여 수준이 필요하지만 장기 근속 유도가 필요한 경우 활용
PPL 5 : 모든 직급에서 시장급여보다 낮은 수준 설정. 인력 과잉일 경우 활용
PPL 6 : 모든 직급에서 시장급여보다 높은 수준 설정. 인력 부족시나 우수인력 유인이 필요한 경우 활용

2) Pay-Band 설계

새로운 등급 단계별[2]로 설정된 직무 및 자격요건에 부합하도록 차등보상을 강화하고 적정한 보상관리의 범위를 제시하여 역할 및 직무등급의 가치가 반영될 수 있도록 검사원 등급제에 따른 Pay-Band를 설정하였다.

〈그림 9〉 Pay-Band 설계   (단위 : 천원/월)

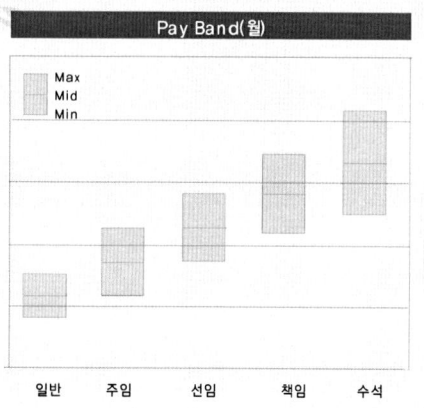

■ 등급별 Pay Band의 중간값 설정
 - 일반(사원)초임을 최저액으로, 수석(부장) 평균액을 중간값으로 설정하여 등급별로 연결함
 - 사원은 중간값이 상대적으로 상회하나, 급여정책선 결정 과정에서 시장가격 이상의 급여를 보존하기로 함에 따라 기존 급여를 유지하고자 함
■ Pay Range는 성과에 따른 보상 차등화가 강화되도록 폭을 설정함
■ 한정된 재원을 고려하여 기존의 급여현황을 최대한 고려하여 최저/최고액과 평균 값을 설정

새로운 Pay-Band와 현재의 월고정급 현황과의 차이를 살펴보았다. 일반과 수석의 경우 대부분 Pay-Band 내에 존재하는 것으로 나타났다. 하지만 책임과 선임의 경우 Pay-Band보다 낮은 급여인 경우가 다수 존재하여 이에 대한 관리방안의 마련이 추가로 요구되었다. 일반의 경우 모두 Pay-Band내에 분포하며 주로 밴드의 중간값 부근에 분포되어 있는 반면, 주임의 경우 대부분 밴드 내에 분포하고 있으나 하단 부분에 분포되어 있었다. 새로운 Pay-Band에 따른 실제 급여 분포 현황을 살펴본 결과, 책임과 선임의 경우 밴드 범위를 벗어나는 인원이 다수 존재하여 1차적으로 밴드 내로 포함될 수 있도록 1차 조정 대상으로 선정하였다.

---

2) 검사원 등급제 단계는 일반, 주임, 책임, 선임, 수석으로 구분되어 등급별 권장업무와 교육시스템 구축 및 운영방안 등도 임금직무체계 개선 컨설팅과 별도로 마련되었다.

〈그림 10〉 새로운 Pay-Band에 따른 실제 급여 분포

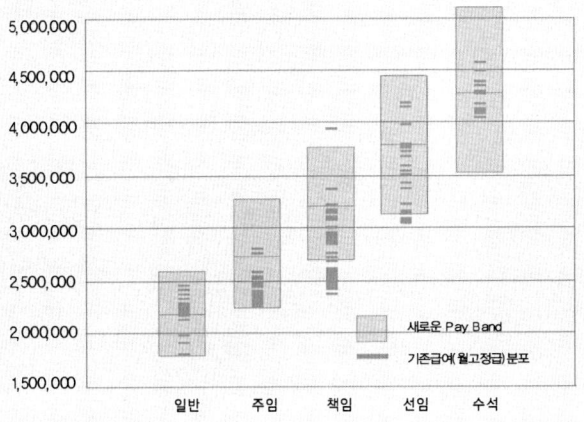

5. 실행계획 수립

F기업의 노사는 컨설팅이 끝난 후, 내부형평성 확보와 검사원등급제 도입을 위해 인상재원의 구체적인 활용방법을 논의하여 지난 11월 30일 올해 인상분에 대한 배분을 완료하였다. 컨설팅 과정에서 제기된 문제점들을 노사가 모두 겸허히 받아들이고 서로간의 양보를 통해 구성원 모두가 만족할 수 있는 결과를 도출하였다. 이번 컨설팅을 계기로 노사가 직무 중심의 검사원 등급제 도입의 필요성을 다시 한 번 공동으로 인식하고 지속적인 대화와 양보를 거쳐 유효한 결과를 얻어냈다고 볼 수 있다.

V. 기대효과 및 시사점

보상제도에 대한 내부형평성을 확보함으로써 인사제도의 공정성을 확보하고 동기부여 요인으로서의 보상제도로 전환될 것으로 기대한다. 또한 검사원 등급제를 앞두고 역할급 기반의 보상제도를 도입함으로써 직무 및 자격요건에 따른 보상으로 개인의 능력향상을 촉진시킬 수 있을 것이다. 아울러 임금제도를 체계적으로 관리하여 구성원 간의 임금형평성에 대한 만족도가 향상되면 인사제도에 대한 신뢰도 제고, 성과와 임금의 연계 발생 등으로 인해 성과에 대한 관심이 증대되어 조직 차원의 성과 역시 향상될 것으로 기대하고 있다.

G기업
보상 및 평가체계 개선을 통한 인적자원관리의 합리화

설립일
1999년 5월

업종
식품제조업

소재지
충북 증평군

인원
84명

매출액
52억원 (2009년)

근무형태
주간근무 (교대제 없음)

I. 회사소개

1. 소개

G기업은 1994년 설립 이래 '정직한 제품을 만들겠습니다' 라는 사훈을 내걸고 전 임직원의 정성과 노력으로 꾸준한 발전을 거듭해 온 결과 2005년 6월에는 제2공장을 신축했다. 주요 생산품으로 안전식품인 두부, 콩나물, 묵, 청국장을 제조·생산·판매하며 2005년 11월 친환경 농산물 인증(국립농산물품질관리원), 2008년 2월 KSA ISO/9001:2000(한국생산성본부 인증원) 인증을 획득하였다.

G기업은 전 직원의 소중한 땀과 정성, 고객으로부터의 사랑으로 발전하는 회사로, 고객들이 믿고 찾을 수 있는 정직한 제품을 만든다는 사훈 아래 전 구성원이 일치단결하는 가족 같은 분위기에서 성장과 발전을 지속해 나가고 있다.

G기업은 회사 설립 이후 무노조 상황이 유지되고 있는데 이는 생산적, 협력적 노사관계가 원만하기 때문이 아니라 지역적 노동시장의 환경과 임금구조에서 기인한다고 판단된다. 특히 생산, 제조 및 배송라인에 주로 최저임금 수준의 단순 노무직을 배치하여 생산, 제조기술 등의 know-how 축적이 거의 없으며 이직률이 타제조업에 비해 높은 실정이다. 또한 노사협의회가 설치되어 있음에도 불구하고 실제로 운영되지 않으며 단순 회식자리에서 경영진의 간단한 경영정보, 당부 말씀으로 의사소통을 대체하여 회사와 근로자 간의 의사소통 채널 역할기능이 거의 부재한 상태이므로 활성화 대책이 시급하다.

한편 1차 안전식품 시장에 유명 대기업(풀무원, 동원, CJ 등)이 진출하여 자금력, 마케팅, 브랜드 인지도가 취약한 G기업 같은 중소기업의 경우 시장에서의 위치가 날로 축소될 수밖에 없는 실정이다. 막강한 자금력과 앞선 제조/생산, 마케팅, 기술력을 구비한 대기업과 상대가 될 수 없겠지만 특화된 제품력 및 기술력으로 틈새시장을 공략해야 할 필요성이 대두되고 있다.

뿐만 아니라 G기업이 소재한 충북 증평지역은 경기 및 수도권에서 거리상 멀지 않으나 중소도시로서 도시기능 보다는 농업을 기반으로 인구가 분포되어 있다. 따라서 지역의 인구구성(남녀, 연령대 등)을 고려해 볼 때 G기업 같은 중소업체의 최저임금 수준으로 우수한 인재채용은 현실적으로 곤란하며 이직으로 인한 결원을 바로 충원하는 것도 어려운 실정이다.

이러한 인력난을 해소하기 위해서는 내부 구성원을 소개 및 추천을 할 수 있는 제도적 뒷받침이 요구되며 지역 지자체와 연계하여 인력을 채용하는 채널의 다양화를 모색할 필요가 있다.

II. 컨설팅 개요

1. 추진배경

G기업의 주생산물인 1차 안전식품(두부, 콩나물 등)의 경우 대기업과의 경쟁이 격화됨에 따라 영업이익률의 개선이 어려운 실정이다. 또한 동종업계 중견업체로 성장하기 위해서는 내부 경영요소, 인적 자원에 대한 교육훈련, 임금, 복리후생 등을 종합적으로 조사·분석할 필요가 있다고 판단되었다. 이에 중·장기적 관점에서 전략적 인적자원관리 계획을 수립하고 점진적으로 내부인사, 노무에 걸친 운영시스템을 보완·수정하여 조직 구성원에 동기부여 제공, 교육훈련을 통한 역량 강화 등을 도모함으로써 기업 경쟁력을 확보하고자 임금체계를 개선하였다.

2. 목적 및 범위

G기업의 제도설계 기본방향은 인사·노무를 대상으로 하되 채용, 승진, 배치전환, 임금체계 등을 종합적으로 분석하고 경영진/근로자를 대상으로 설문조사를 실시하여 생산성 향상 및 동기부여 등의 고성과 인사시스템을 정립하는데 그 목적을 두었다.

G기업의 경우 임금체계만 개선하는 것이 아니라 성과지향적 조직문화의 구축과 인재확보·육성을 위한 보상 및 평가제도를 확립하는데 주안점을 두었다. 아울러 본 과업 수행 중에 현행 운영 중인 인사제도(임금체계 개선/평가/보상)에 초점을 맞춰 개선방안을 모색하고자 하였다.

3. 컨설팅 프로세스

III. 분석 및 설계방향

1. 기초자료 분석결과

G기업의 경우 1차식품인 두부, 콩나물, 묵, 청국장을 생산, 배송, 판매하는 회사로, 인사·조직 상 사업기획 및 영업기획이 부재하여 마케팅, 사업 및 영업전략 기능이 부족하며 사업계획서 조차도 매년 반복되는 수준에서 작성되고 있다. 현재의 업무처리 시스템도 조직과 직무체계, 업무 프로세스를 조정 및 통합하는 일련의 과정 수행 전례가 없었다.

이에 본 제도설계에 앞서 경영진과 인사 실무자들의 인터뷰와 자료 분석을 통해 현행 인사 제도에 나타나는 문제점을 도출하였으며 다양한 이슈들을 점검할 수 있도록 설문지를 배포 및 제공하고 이를 정리 분석하였다.

<그림 1> 인사제도 이슈분석 주요사항

항목	주요 사항	비고
1. SWOT 분석 (내·외부경영환경)	강점	
	• 거래선 다양/매출구조분산	
	• 지리적 이점/물류, 전국영업망 구축	
	• 자율적 작업환경 분위기	
	• 지역적 특성인 동료애/가족적 분위기	
	약점	
	• 개인사업/투자환경 저조	
	• 각종 규정 및 제도 마련 취약	
	• 회사 vision, 개인가치 공유 미흡	
	• 부서/팀 간 의사소통 부족	노사협의회는 있으나 미 운영
	• 조직/개인 차원의 자긍심 부족	
	• 관리/기획 외 소수인원/스트레스 많음	
	기회	
	• 안전식품에 대한 인식 및 수요증가	
	• 품질/단가에 따라 대기업 거래가능	
	위협	
	• 대기업과의 경쟁 심화	
2. 전략적 인사관리	• 중·장기 vision 전략/전술 없음	
	• 인사제도에 대한 세부실행계획 미비	
3. 임금 결정체계 (합리성, 공정성)	• 연봉서열/호봉테이블(신입사원임금을 최저임금 수준 설정)	
	• 적절한 보상원칙이 없고 경영진 결정	
	• 보상수준이 최저임금 수준	인력수급 곤란
4. 평가의 합리성	• 평가체계는 있으나 미(未)이행으로 경영진 정성적 평가	
	• 평가절차, 정보제공, 참여 등 부족	
	• 평가결과를 보상/승진반영 구조 없음	
	• 평가/보상에 대한 노사 간 인식결여	
	• 평가/보상 ▷ 근로자 대표 참여 없음	
5. 승진체계 합리성	• 평가 tool은 있으나 승진기준 없음	
	• 승진은 하되 정성적 평가에 의거	
	• 현 승진기준은 성과주의와 무관	
	• 승진에 대한 인식/공정한 평가/참여 등에 전반적인 문제점 노출	
6. 보상의 적절성	• 임금수준 낮아 동기부여 역할 미비	최저임금수준
	• 복리후생 만족도 저하	
	• 경영성과 대비 임금수준 낮음	
	• 능력/노력 대비 임금수준 낮음	
	• 임금에 대한 노사 간 인식전환 필요	
7. 임금대장 검토	• 일부 직무급 연장수당 미지급	
	• 직급별 임금보전수당 지급원칙 상이	
	• 기본급 결정 기준 없음	
	• 업무수당 지급 시 휴일수당 미지급	

2. 제도설계 방향

위의 인사제도 이슈분석에서 지적된 문제점의 대부분은 제도 수정/보완, 일부 제도 신설, 평가의 공정성/합리성을 중심으로 집중적으로 개선하여 점진적으로 시행 후 보완한다면 해결 가능한 부분이다.

지금까지 보상(승진, 임금인상)에 대한 공정성과 합리성이 결여된 채로 시행되어 왔고 승진 역시 평가에 대한 내부적인 제도가 있음에도 반영되지 못한 점은 상당히 아쉽다. 그뿐만 아니라 이 평가의 결과를 승진, 임금인상에 반영하거나 연계성을 가지지 못한 사실에 비추어 볼 때 노사 간 평가/보상의 공정성에 대한 인식의 차이(gap)가 상존해 있음을 알 수 있다.

본 과업을 성공적으로 수행하기 위해서 경영진의 이해와 협조를 구하고 현업에서의 동참이 반드시 선행되도록 노력하였으며 제도설계 방향은 공정성, 투명성, 단순성을 중심으로 제도의 수용성을 높이는 방향으로 진행하였다.

〈G기업의 제도설계 방향〉

- 평가 및 보상에 대한 예측 가능한 원칙/제도 설계
- 조직 구성원 동기부여 및 사기진작을 통한 매출증대
- 회사의 매출/수익에 대한 회사 및 조직 구성원 가치공유 및 소통
- 직책과 직급 분리 운영
- 임금 외 비금전적 보상 강조
- 의사소통 원활한 조직문화 및 노사협의회 활성화 도모
- 중·장기적 vision 설정

여러 가지 논의를 거쳐 제도 설계방향은 다음과 같이 구체화되었다.

문제	원인분석	방안수립
• 평가 및 보상기준	• 경영진의 정성적 판단	• 예측 가능한 원칙 수립
• 보상수준(최저임금)	• 구성원 직무 몰입도 저하	• 동기부여 방안 수립
• 수직적 지시체계 (공백시 업무공백)	• 권한/책임 불명확	• 업무권한 원칙설정 • 직급/직책 분리운영
• 인력수급의 어려움	• 낮은 임금수준	• 임금 외 비금전적 보상(고용안정 등) • 중장기 vision 설정 • 유연한 조직문화 구축

IV. 제도설계 및 실행계획

1. 보상제도 개선

G기업의 임금체계 개선방안을 도출하기 위해 회사 임금대장을 기초로 하여 직군별 분석을 진행한 결과 남녀별 초임기준은 있으나 기본급 결정기준이 없었다. 또한 업무수당의 경우 휴일근무 시 휴일수당을 지급하지 않았으며 일부 직급 이상자에게 업무수당을 임금보전의 형태로 지급하는 경우도 있었다.

특히 직군에 따라 임금수준을 맞추는 형태로, 배송직과 판매직은 직무급 성격이 강하며 사무직과 생산직은 개인별 임금차이를 보여 근속, 연령에 따른 연공급 운영 방식을 취하고 있었다. 연공급 성격을 띠면서도 직급별로 일관된 원칙이나 기준이 부재하며 직급과 보상의 일관성을 보이지 않았다.

근속에 따른 보상의 차이가 없어 구성원들의 직무 집중도를 저하시키는 주요 원인으로 작용했다. 이에 임금체계와 보상에 대한 원칙과 기준을 수립하여 구성원들의 직무 만족도를 향상시키는 동기부여에 주안점을 두었다. 직군별로 임금체계를 수립하고 현재 부재하다고 볼 수 있는 임금체계를 개선하여 고과호봉제를 기본으로 기존 남녀의 차별을 없앤 단일호봉표를 작성하는 방향으로 임금체계 개선안을 도출하였다.

〈그림 2〉 직군별 임금체계 개선안

항목	임금 체계	
	현행	변경
사무직	• 임금체계 없음 • 직군별 특징 없음	• 고과 호봉제 도입 • 근속년수 임금상승분 반영 • 팽가치 호봉 차별 적용
생산직	• 임금체계 없음 • 남녀의 초임금 차이 있음 • 초임은 최저임금 수준	• 고과 호봉제 도입 • 근속년수 임금상승분 반영 • 팽가치 호봉 차별 적용
배송직	• 임금체계 없음 • 직군별 특징 없음	• 직무급 도입 • 임금수준 노동시장환 부응
판매직	• 임금체계 없음 • 직급구분 없음	• 직무급 도입 • 매니저/비매니저 구분 • 인센티브제 도입

고과호봉제에서는 1년간 2호봉 승호를 기준으로 하는 원칙을 적용하되 조직 기여도가 높은

직원에 대한 보상을 강화하기 위해 평가결과에 따라 호봉 승급하고 승호에 차등 실시하기로 하였다.

〈그림 3〉 등급별 승호 및 배분율

※ 차등승호 비교(사원2년차)   단위 : 천원

구분	B : 2호봉 승급	S : 4호봉 승급	차액
기본급	950천원/월	980천원	년 : 360천원
연장근무수당	283천원/월	292천원/월	년 : 107천원
고정상여	1,425천원/년	1,475천원/년	년 : 50천원
합계	16,228천원/년	16,741천원	년 : 517천원

2. 평가제도 개선

G기업의 경우 기존 평가시스템을 보완·시행하여 업무성과 지향형으로 평가했다. 평가내용은 사람중심에서 직무중심으로 전환하여 업무성과와 업무수행 능력 위주로 설계하고 임금측면은 업적평가 결과를 위주로 적용하여 승진에서 업적평가와 역량평가를 종합적으로 아우르는 포괄적인 평가체계가 될 수 있도록 접근하였다.

고과호봉제를 시행하기 위해서는 평가(고과)제도 신설 및 운영이 필수적이며 평가제도의 수용성 여부가 고과호봉제의 성공을 담보하는 가장 중요한 요인이 된다. 이에 따라 다음과 같이 G기업의 기초적인 평가 제도를 설계하였다.

G기업의 평가제도는 역량평가와 업적평가를 50 : 50으로 반영하며 연 1회 12월에 실시한다. 대리급 이하 직원과 과장급 이상 직원을 나누어 각각의 직급에 대한 역량과 업적 지표를 도출하고 평가를 시행하기로 하였다.

〈그림 4〉 고과호봉제 시행방안

항목	세부내용				
평가내용	역량평가(50%) : 능력 및 태도 업적평가(50%) : 업무성과 및 기여도				
평가시기	연 1회(12월)				
평가대상	부장이하 전 직원(판매 및 배송직 제외)				
평가체계	대리이하 직원 1차 평가 〉 팀장 〉 2차평가 〉 대표이사 과장이상 직원 1차 평가 〉 대표이사				
평가등급	평가점수를 상대서열화하여 5등급 가중치 배분				
	등급	S(상)	A(중상)	B(중)	C(중하)	D(하)
	비율	10%	15%	60%	10%	5%

<그림 5> 역량 평가표 (대리급 이하)

구분	평가 주요내용	탁월	우수	보통	미흡	부족
성실성	업무수행 시 질적, 양적으로 성실하게 수행하는가	10	8	6	4	2
계획성	회사/팀 목표 등 일정에 대한 체계적으로 업무를 수행할 능력이 있는가	10	8	6	4	2
수행력	업무처리 시 체계적이고 자료화하여 타 업무수행 시 활용할 능력이 있는가	10	8	6	4	2
대처능력	상황발생 시 유연한 대처능력이 있는가 (상황분석 및 대안 수립 등)	10	8	6	4	2
업무지식	담당업무 및 유관부서에 대한 폭 넓은 지식 보유와 관심을 가지고 있는가	10	8	6	4	2
책임감	자신의 책임 하에 문제점을 인식하고 달 성하고자 하는 자세와 태도가 있는가	10	8	6	4	2
개선의지	자기업무를 인식하여 회사/팀 전체 업무를 개선하고자 하는 의지가 있는가	12	9	6	3	1
이해력	상사의 지시사항을 이해하고 실천에 옮길 수 있는 능력이 있는가	10	8	6	4	2
자기계발	문제를 발견하고 이를 해결하기 위해 자기계발하려는 자세와 의지가 있는가	10	8	6	4	2
신속성	기획력과 전문성을 바탕으로 추진할 능력이 있는가	10	8	6	4	2
	총 합 계					

피고과자성명 :   직급 :
고과자성명 :   (인)

<그림 6> 역량 평가표 (과장급 이상)

구분	평가 주요내용	탁월	우수	보통	미흡	부족
업무전문성	동종업계, 담당업무/트렌드 변화에 대하여 새로운 기법의 도입, 적용을 위한 노력을 하는가	10	8	6	4	2
대외협상력	업무수행에 있어 외부와의 교섭, 조정 등을 성공적으로 이끌어 갈 능력이 있는가	10	8	6	4	2
의사결정력	회사 경영방침/지시사항 등을 이해하고 전략적인 의사결정을 하고 업무수행 시 대안을 제시할 능력이 있는가	10	8	6	4	2
기획력	업무를 효과적으로 달성하기 위해 방법, 절차를 기획하고 지시/팀워크를 발휘하여 업무 수행할 능력이 있는가	10	8	6	4	2
부하육성	부하 직원에게 책임과 권한을 부여하여 직무능력을 향상하고 도모할 능력이 있는가	10	8	6	4	2
리더십	팀 목표달성을 위해 팀원에게 업무를 적절히 분배하고 업무수행을 할 수 있도록 분위기를 조성할 능력이 있는가	10	8	6	4	2
개선의지	회사/팀 또는 자신의 업무를 인식하여 업무수행 및 업무개선 수행하려는 자세와 태도를 지니고 있는가	12	9	6	3	1
이해력	상사의 지시내용을 이해하고 실천할 능력을 능력이 탁월한가	10	8	6	4	2
자기계발	새로운 문제를 발견하여 연구하는 자세와 태도를 지니고 자기계발 노력을 하는가	10	8	6	4	2
신속성	업무에 대한 탁월한 기획력과 전문성을 바탕으로 주어진 시간 내에 맡은 바 업무를 수행할 수 있는 자질이 있는가	10	8	6	4	2
	총 합 계					

피고과자성명 :   직급 :
고과자직책 :   성명 :   (인)

〈그림 7〉 업적 평가표 (대리급 이하)

구분	평가 주요내용	탁월	우수	보통	미흡	부족
목표 달성도	팀원들과 공동체의식을 갖고 팀 목표달성에 기여하며 업무수행 상 어려움이 있어도 각종 지시나 부여된 목표를 성공적으로 이행할 수 있는가	10	8	6	4	2
신뢰성	실무 담당자로서 성실한 자세로 업무에 임하며 고객/동료에게 신뢰를 받고 있는가	10	8	6	4	2
영업지원	담당 업무영역에서 영업 및 현장 마인드를 가지고 영업지원 활동을 통해 회사발전/고객만족에 기여하고 있는가	10	8	6	4	2
도전성	상사의 지시보다 책임있는 자세로 업무처리하며 어려운 일을 극복하려는 도전정신이 있는가	10	8	6	4	2
협력성/융화력	성실한 자세와 태도로 타 부서와의 원만한 관계유지 및 조직 전체의 팀워크 향상에 기여하고 있는가	10	8	6	4	2
준법성	근태가 우수하고 회사 경영전반에 대한 폭 넓은 이해 및 각종 규정방침을 이해하고 준수하고 있는가	10	8	6	4	2
업무 개선도	업무의 효율성 제고를 위해 지속적으로 업무를 개선하고자 노력하며 업무개선에 대한 탁월한 성과는 있는가	12	9	6	3	1
업무달성도	회사 목표와 비전에 대한 명확한 의식을 갖고 회사/상사 지시에 대한 달성도가 기대 이상으로 높은가	10	8	6	4	2
업무의 량	주어진 여건에 비해 항상 많은 양의 업무를 처리하고 문제해결을 위해 종합적인 사고로 업무에 임하는가	10	8	6	4	2
추진력	한번 계획하거나 지시받은 일은 대내외적인 환경의 어려움에도 불구하고 지속적이고 원만하게 처리해 왔는가	10	8	6	4	2
	총 합 계					

피고과자 성명 :   직급 :
고과자 직책 :   성명 :   (인)

<그림 8> 업적 평가표(과장급 이상)

구 분	평가 주요내용	탁월	우수	보통	미흡	부족
원가의식	주어진 예산, 인원, 시간을 효율적으로 활용하여 원가관리에 대한 사고와 회사의 이익 증진을 위해 노력하고 있는가	10	8	6	4	2
생산실적	담당하고 있는 부문의 생산실적 목표의 달성 및 실적향상을 위해 노력하고 있는가	10	8	6	4	2
공장관리	담당분야의 불량률 최소화 등의 상품관리와 공장 환경개선에 기여하고 있는가	10	8	6	4	2
조직관리	관리자로서 조직 구성원 및 상하 간 관계를 유지하여 조직 목표달성에 효과적으로 기여하는가	10	8	6	4	2
협조성/융화력	자신만의 know-how를 고집하지 않고 타 부서와의 정보공유 및 협력을 통해 조직 전체의 이익에 기여하는가	10	8	6	4	2
문제해결능력	업무수행 중 어려운 난관에도 적절한 대안 능력 해법을 제시하거나 문제에 도전하고 해결하는 능력은 탁월한가	10	8	6	4	2
업무 개선도	업무의 효율적인 수행을 위해 지속적으로 업무를 개선하고자 하는 노력과 업무개선효과는 있는가	12	9	6	3	1
업무 달성도	회사목표와 비전에 대한 명확한 의식을 갖고 회사/상사의 지시에 대한 업무 달성도가 기대이상으로 높은가	10	8	6	4	2
업무의 질	주어진 여건에 비하여 항상 많은 양과 질의 업무를 처리하고 문제해결을 위해 종합적인 사고로 업무에 임하는가	10	8	6	4	2
추진력	한번 계획하고 지시받은 일은 대내외적환경의 어려움에도 불구하고 지속적으로 원만하게 처리해 왔는가	10	8	6	4	2
총 합 계						

피고과자 성명 :   직급 :
고과자 직책 :   성명 :   (인)

3. 판매사원에 대한 임금 및 직급제도

대기업과 경쟁해야 하는 회사로서 경영상황을 개선하기 위해서는 매장별 매출 관리 및 증대가 필수적이다. 이에 판매사원의 역량강화가 매출향상 및 동기부여에 결정적인 영향을 미친다고 보고 이를 위한 임금제도와 직급제도를 신설하였다.

우선 현재 구분 없이 사원으로 통칭되는 판매사원의 직급을 사원/부매니저/매니저로 변경하고 직책별 기준 임금액을 설정하였다.

〈그림 9〉 판매사원 직급제도

구 분	직 급 제 도	
	현 행	변 경
직급 구분	구분 없음 사원 직급 통일	매니저/ 부매니저 / 사원구분
임금수준	월 860 ~ 1,300천원 책정기준 없음	직책별 기준금액 설정 기본급/년 인상 최저임금 수준 범위 내 시행 별도의 호봉승급 제외

직 책	선임기준	임금수준	2011년
Manager	경력 5년 이상 매출비중이 높은 매장의 책임사원	최저임금 150%	1,400천원
부Manager	경력 3~5년 사원 1인매장으로 매출 비중이 높은 매장	최저임금 120%	1,110천원
판매사원	신입 판매사원 1인 판매사원 중 매출비중이 낮은 매장	최저임금	976,000원 (4,320원/1H 적용)

이를 통해 판매사원의 임금체계가 근속년수에 따른 임금상승(호봉제) 미반영에 대한 상대적 박탈감을 해소하고 매니저의 매장 매출실적에 대한 책임감을 부여하며 매출실적 및 성과관리를 위한 기반을 구축할 것으로 기대되었다. 구체적으로 각 매장별 손익분기점(BEP)을 설정하고 손익분기점을 상회하는 매장의 판매사원에게 일정비율의 인센티브를 지급한다. 이에 따라 변경되는 G기업의 판매사원 임금구성항목과 인센티브 지급 관련 제도는 다음과 같다.

〈그림 10〉 판매사원 임금구성 항목

현 행		변 경	
	고정 상여금		고정 상여금
	업무수당		인센티브
	기본급		기본급 + 업무수당

※ 현재 업무수당의 기본급 산입 시 연간 1,540천원(고정상여금)추가 비용발생

〈인센티브 프로세스〉
- 1단계 : 연간 매출목표 수립(목표산정/BEP 실적/전년대비 목표액 등)
- 2단계 : 월별 목표/실적관리
- 3단계 : 반기별 매출실적/평가
- 4단계 : 인센티브(반기별)지급

〈인센티브 지급 기준〉

- 매출목표(BEP, 전년대비 목표)를 초과달성한 매출에 대한 전년도 매출이익비율 환산금액의 50% 지급
- 매장별 인센티브 총액을 판매사원 인원/기본급 비례 할당지급

인센티브 지급액을 시뮬레이션해본 결과 다음과 같이 도출되었다.

〈그림 11〉 인센티브 지급액 시뮬레이션

(단위: 천원)

BEP매출/반기	매출액	BEP초과매출	전년도 영업이익률	인센티브 대상금액	인센티브 지급액
80,000	96,000	16,000	5.80%	928	464

- BEP 매출 : 매출액 - [제조원가+직접인건비(판매)+간접비[인건비+배송비+일반경비]
- 매출액 : 당해년도 반기별 매출실적
- BEP 초과매출 : 당해년도 반기별 - BEP 매출실적
- 전년도영업이익률 : 전년도 영업이익 ÷ 매출액
- 인센티브 대상금액 : BEP 초과매출 × 전년도 영업이익률
- 인센티브 지급액 : 인센티브 대상 금액 × 50%

4. 단계별 실행계획

구분	제도 준비기 (2010. 10~12)	제도 실행기 (2011. 1~)
고과 호봉제 (생산/사무직)	• 직급별 호봉 확정 • 인사평가 시범운영 • 개인별 직급/급호전환	• 변경 임금테이블 적용 • 평가시스템 운영 (수정 및 보완 병행) • 업적 평가지표 개발
인센티브제 (판매직)	• 매장별 BEP 매출목표 • BEP 기준매출하위 매장 운영계획 수립 • 판매사원 직급부여(매니저/부매니저)	• 매장별 BEP/매출목표 확정 • 매니저 역량강화 방안 수립 • BEP 산정 지표개선
평가시스템	• 능력/업적 평가지표 개발 • 고과자 및 피고과자 교육 • 평가시스템 시범 운영	• 홍보 및 교육 • 공정한 평가 결과 반영 • 수정 및 보완
임금항목 조정	• 업무수당 폐지 • 기본급+업무수당 통합 • 취지 설명 및 교육 (부서/팀 간 갈등해소차원)	• 운영 및 수정/보완

VI. 기대효과 및 시사점

G기업의 경우 외부환경 변화에는 나름대로 민감하게 대응해 온 편이나 내부 환경의 측면에서 관행적으로 업무를 수행했으며 특히 인사제도가 보수적으로 운영되고 있었다.

인사제도는 신제품의 기획, 생산, 배송, 마케팅에 이르기까지 조직을 지원하는 핵심사항으로, 대내외적인 환경에 부합하는 기획력을 필요로 한다. 이번 임금직무컨설팅을 계기로 채용 및 급여관리 차원에서 벗어나 전략적 인적자원관리로 도약하는 계기가 되었으면 한다.

성과/평가시스템의 공정한 평가와 판매직에 한해 검토되었던 인센티브제도 역시 조직 구성원 모두에게 적용될 수 있는 tool로 확대 적용·운영하여 구성원도 만족하고 회사도 만족하는 노사간 가치를 공유하길 기대한다.

N기업
조직의 글로벌 경쟁력 향상을 위한 임금·직무체계 개선

설립일
2006년 8월

업종
서비스업

소재지
서울시 종로구

인원
91명

매출액
매출액 120억원 (2009년 기준)

근무형태
주간근무 (교대제 없음)

Ⅰ. 회사소개

1. 개요

H기업은 2006년 8월 관세행정정보시스템(UNI-PASS) 발전을 위한 정책, 제도의 기획, 조사, 연구활동, 컨설팅 등을 목적으로 관세무역개발원 및 대기업이 출자하여 설립된 재단법인으로, 2006년 설립된 이후 꾸준한 성장과 활발한 사업수행을 통해 연간 120억 원 매출을 달성하였다. 특히 해외사업의 지속적인 확대로 향후 관세 정보망의 글로벌화 및 표준화에 주도적인 역할을 담당할 것으로 기대되어 구성원의 경쟁력있는 역량과 능력이 요구되는 시점이다.

관세 행정업무의 주요 시스템인 전자통관체제 구축과 인터넷통관포탈 및 통관단일창구 구축 운영 등 우리나라의 관세통관시스템(UNI-PASS)에 대해서 세계 각국이 그 우수성을 인정하고 있으며 외국세관의 벤치마킹 요구 등 전자통관시스템 수출요구가 증가하고 있다. 이러한 추세에 발맞춰 그동안 관세청에서 우리 기업의 통관시스템 수출을 위해 세관협력회의, 개도국 직원 교육 등을 지원해 왔으나 인력, 예산상 추가지원 한계 및 전자통관시스템 수출을 체계적으로 지원하는데 한계가 있어 H기업를 통한 관세행정 시스템의 국내외적인 역할증대가 요구되고 있다.

또한 H기업은 관세청 전자통관시스템 등의 개발, 운영, Helpdesk 및 유지보수 담당으로 관세행정정보시스템의 운영부문에 국내적인 경쟁력을 강화함으로써 관세행정정보시스템 위탁사업 활성화를 기대하고 있다.

현재 진행 중인 주요사업은 정보망 개발, 유지보수, 해외시장개척, 수출, 마케팅 등 다양한 직무로 구성되어 있다. 이들 직무에 대한 분석과 직무별로 요구되는 역량에 대한 직무평가 및 직무설계를 추진하기 위해서 체계적인 직무 조사를 통하여 보다 효율적인 인사, 조직체제의 구축이 필요한 시점으로 판단된다.

II. 컨설팅 개요

1. 추진 배경

H기업은 설립 이후, 지속적으로 목적 사업과 관련 연구개발 활동을 기획 및 수행하고 있으며 활발한 사업수행 및 조직 확대로 내부적인 관리체계의 정비가 이루어져야 하나 인력 및 자원의 문제로 애로사항을 겪고 있는 형편이다.

따라서 이를 개선하여 효율적인 인적자원관리를 통해 내외부에 산적한 사업의 차질 없는 수행을 기획하고 지원할 수 있도록 구성원들의 역량을 증대시키고 성과중심의 연봉제를 구축함으로써 역량과 성과주의 조직문화가 뿌리내리도록 추진할 필요가 있다. 향후 이러한 요구가 점차 증대할 것으로 예상되어 이번 컨설팅을 추진하게 되었다.

2. 컨설팅 범위

H기업의 현황분석에서 도출된 제반의 문제점을 해결하기 위해서는 전반적인 인적자원관리(HRM/Human Resource Management) 컨설팅이 필요하나 현재 시급한 임금체제 개선과 직무분석으로 인해 제한적으로 수행하고자 하며 주요방향과 세부 추진 범위는 다음과 같다.

- 직무분석 : 직무분류 및 직무분석, 직무평가, 직무기술서 작성, 직무가치 평가 등
- 연봉제 실행방안 마련 : 연봉제 구체적인 실행방안 마련
- 변화관리 : 전 직원 설명회 개최

3. 컨설팅 프로세스

H기업의 컨설팅은 다음과 같이 계획-진단-설계-이행의 4단계로 진행되었다.

Phase 1	Phase 2	Phase 3	Phase 4
계획단계	진단단계	설계단계	이행단계
• 추진계획수립	• 경영환경 분석 • 인사 조직진단	• 직무분석 • 연봉제설계 • 성과급운영방안	• 변화관리 • 이행계획
• TFT팀 구성 • 상세일정 수립	• 인사제도에 대한 분석 및 개선방향 검토 • 경영환경 분석 검토 • 목표-현상의 Gap분석	• 직무분석 시행안 • 직무 분류 및 직무분석 작업 • 직무기술서 작성 • 직무평가 실시 • 연봉제 기본방향설계 • 연봉제 세부실행방안 수립 • 성과급제 운영방안	• 구성원 변화관리 • 단계별 이행계획 수립 • 연봉제 교육홍보 • 연봉제 전환시기

III. 분석 및 설계방향

1. 기초자료 분석 결과

H기업은 실질적인 기획 기능이 부재한 조직구조로 구성되어 기본적인 인사조직에 대한 전략체제가 구축되어 있지 않고 사안이 발생할 때 마다 대응하는 제도로서 체계적인 관리가 필요하다. 2006년 설립시 구성원에 대한 임금과 직무적용 면에서 H기업의 새로운 업무에 대한 임금과 직무를 기준으로 인력을 채용, 배치하지 않고 채용인력의 전 근무처의 임금수준과 역할 중심으로 인력을 구성하여 배치함으로써 실질적인 구성원의 역량과 담당직무 및 임금의 수준에 많은 차이가 발생하였다.

이는 내부적인 갈등의 원인이 되었는데 임금체제는 표면적으로는 연봉제를 운영하고 있으나 연봉제의 핵심인 능력주의를 반영하지 않은 연공서열에 의한 호봉제를 연봉제로 단순 전환한 것이었다. 따라서 임금에 대한 동기부여 특성이 미흡하여 구성원의 역량증대 및 조직 생산성 향상에 연결된다고 보기는 어려우므로 이에 대한 전면적인 개선이 요구되고 있다.

따라서 직무분석과 임금체제에 대한 주요 이슈분석과 문제점 검토 및 개선방향을 도출하였다.

〈그림 1〉 직무 및 임금제도 이슈 분석을 위한 검토사항

항목	주요 이슈	비고
직무분석 부문	■ 사람중심의 직무수행에 따른 업무효율성 저하 - 직무 체계가 직군과 직렬, 직무분류가 혼재되어 있어 직무를 수행하고 통제하는데 혼란이 가중되고 있음 - 현 개인별 업무분장은 사람 중심으로 분장되어 있어 타 직원과의 중복 업무가 많고 업무 처리주체가 모호함 - 담당업무는 업무분장에 따르지 않고 업무 발생시점에서 적의 분배되는 실정으로 주 담당 및 부 담당 업무에 대한 경계가 불분명하여 업무수행의 효율성이 저하됨 - 따라서 업무중복 수행 및 부수업무 과중 등으로 직무 수행에 따른 직원들의 스트레스가 많음	
임금체계 부문	■ 구성원의 역량과 성과에 따른 보상체제 수립 - 공헌도(성과)에 의한 보상의 개인별 차별화로 성과중심의 임금체제 구축 - 현재의 직무에서 역량의 개발 및 발휘가 보상을 결정하는 중점 요소 - 직급과 직위를 분리 운영하여 승진자체가 더 높은 보상을 보장하는 것이 아니고 업적에 따라 더 많은 보상을 받을 기회를 획득	

2. 제도 설계방향

직무분석의 결과는 직무가치평가로 연결되어 구성원의 임금에 미치는 영향이 크다는 점을 확실히 인지할 수 있도록 별도의 내부교육을 경영기획실 인사담당팀에 상당한 비중을 두어 실시하는 것이 요구되었다.

본 과업의 성공요건은 직무분석과 연봉제 설계 부문의 기본적인 이해와 운영방안에 대한 인사담당팀의 높은 이해도 및 각 현업팀의 적극적인 동참 등이다. 이러한 요건이 반드시 수반되어야 하는 상황임을 고려하여 제도 설계의 방향은 첫째 제도의 투명성, 둘째 제도의 단순화, 셋째 제도의 수용성을 기본 방향으로 설정하였다.

Ⅳ. 제도설계 및 실행계획

1. 직무분석

H사의 전체 직무를 직군, 직렬(직종), 직무 3단계로 재분류작업을 실시하고 이에 따라 직무조직도를 작성하였다. 이는 전체적인 직무분류를 통하여 직군, 직렬 및 직무를 구분하고 직무 중심으로 업무를 재분류함으로써 본격적인 직무분석 작업을 원활히 진행할 수 있도록 하기 위함이다.

직군	직종
경영지원 직군	기획직종, 인사직종, 총무직종, 재무직종, 구매직종
국내사업 직군	국내마케팅직종, 시스템운영직종, 기수지원직종
해외사업 직군	해외마케팅직종, Biz컨설팅직종, 해외시스템구축직종
연구개발 직군	시스템개발직종, 연구지원직종

〈그림 2〉 직무분류 작업 결과 명세

직군	직종	직무명세
경영지원	기획(8)	전사 전략수립, 사업계획 수립, 사업 타당성 분석, 프로젝트 기획, 경영평가, 정관 및 회사규정 제정관리, 대외업무, 총회 및 이사회 운영관리
	인사(11)	인사기획관리, 채용관리, 인사평가 관리, 교육관리, 상벌관리, 보상관리, 승진 & 이동관리, 직무조정, 연봉제 관리, 퇴직자 관리, 복리 후생관리
	총무(10)	부동산 및 시설물관리, 문서 수발관리, 인쇄물관리, 사무 집기/용품관리, 차량관리, 회사 보험관리, 회사 인장관리, 통신관리, 법률/소송관리, 출장 예약관리
	재무/회계(13)	회계기준 정보관리, 전표관리, 결산관리, 세무/부가세관리, 법인세 관리, 감가상각 관리, 자금/채권관리, 차입금관리, 법인카드관리, 출납관리, 급여관리, 연말정산 관리, 퇴직금 관리
	구매(3)	구매기획관리, 재고평가관리, 지급결의
국내사업	국내 마케팅(8)	국내 마케팅 기획관리, 매출계획 및 판매정책 수립, 프로젝트 품질관리, 고객관리, 홍보관리, 입찰관리, 사업정보 관리, 계약관리
	국내 시스템 운영(4)	시스템 유지보수 관리, 시스템 개발운영, 개발의 기반 조성관리, 개발 전문인력 육성관리
	국내 기술 지원(4)	Help-Desk 운영관리, 이용자 불편사항 접수 및 해결, 개선사항 발굴관리, 유지 보수팀 관리
해외사업	해외 마케팅(10)	해외 시장개척관리, 해외 마케팅기획, 매출계획 및 판매정책 수립, 프로젝트관리, 해외고객관리, 전시회 참석 및 로드쇼 등의 해외홍보관리, 입찰관리, 사업정보 관리, 해외계약관리, 외국 방문단대응
	해외 BIZ 컨설팅(6)	해외시장조사, 해외사업 타당성분석, BPR/ISP컨설팅, 대외기관 협력 관리, 해외수출관련 협력관리, 해외 프로젝트 감리 및 검수관리
	해외 시스템 구축(3)	해외보급 시스템 구축관리, 시스템 기능개선관리, 패키지 유지보수 관리
연구개발	시스템개발 연구(6)	시스템 연구·개발관리, 국내 프로젝트 감리 및 검수관리, 제안서관리, 입찰지원관리, 관세청 정보화 사업 관련 지원관리, 기타 기술연구관리
	연구개발 지원(5)	국종망 정책·제도의 기획 조사, 컨설팅관리, 국제표준화 활동지원관리, 물류원활화 연구·기획관리, 전자문서표준화 및 전문번역지원 관리, 기타 대외기관 지원관리

<그림 3> 직무조직도 작성

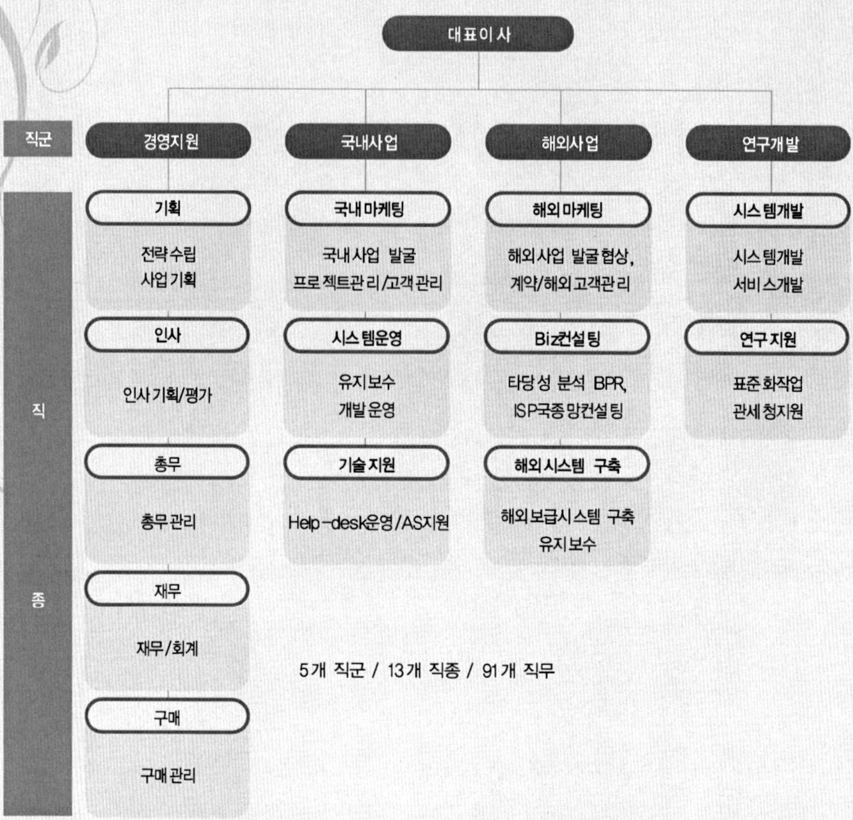

```
                        대표이사
           ┌──────────┬──────────┬──────────┐
직군      경영지원    국내사업    해외사업    연구개발

          기획        국내 마케팅  해외 마케팅  시스템개발
          전략수립    국내사업 발굴 해외사업 발굴 협상, 시스템개발
          사업기획    프로젝트관리/고객관리 계약/해외고객관리 서비스개발

          인사        시스템운영   Biz컨설팅   연구지원
직        인사 기획/평가 유지보수    타당성 분석 BPR, 표준화작업
          개발운영    ISP국종망컨설팅 관세청지원

          총무        기술지원    해외시스템 구축
          총무관리    Help-desk운영/AS지원 해외보급시스템 구축
종                                  유지보수

          재무
          재무/회계              5개 직군 / 13개 직종 / 91개 직무

          구매
          구매관리
```

그리고 직무단위별 업무의 명확한 설정을 통해 단위업무 내용 간의 중복을 배제하고 단위업무별 작성 책임자를 명확하게 설정하여 작성상의 혼선 방지 및 충실 제고의 결과를 이끌어낼 수 있도록 부서별 직무단위 책임자로 하여금 단위업무 일람표를 작성하게 하였다.

〈그림 4〉 단위업무작성 명세 (일부)

직군 : 경영지원(총괄)							
① 직렬	② 직무	③ 단위 업무	④ 중요도 (%)	⑤ 소요 시간	⑥ 발생 시기/주기	⑦ 난이도 H/M/L	담당
기획	사업계획 수립	- 단기 사업계획 수립 - 중장기 사업계획 수립	10%	30일	11월 (연 1회)		
	경영평가	- 사업실적 취합 및 분석 - 프로젝트별 사업평가	5%	10일	분기별 (연 4회)		
	규정 제정 관리	- 정관 개정 - 연합회 규정 개정 - 업무지침 제정	5%	15일	불규칙		
	대외업무	- 관세청 등 유관기관 대응업무 - 대외 인증 업무	5%	3일	불규칙		
	이사회 운영 관리	- 이사회 준비 및 개최 운영	10%	15일	정기: 연 1회 임시: 불규칙		
연봉 평가	조직기구 개편 및 조정	- 각 팀별 업무분장 및 조정	10%	30일	불규칙		
	평가관리 총괄	- 직원 및 팀장 성과 관리	5%	20일	연 2회		
	직원 연봉조정 관리	- 평가에 따른 연봉조정(안) 상정 - 연봉 인상율 산정 및 재원분석	10%	30일	연 1회		
인사	인력수급계획 및 관리	- 프로젝트별 인력수급계획 및 관리	5%	7일	불규칙		
	직무 및 정원조정	- 각 조직별 직무조정 및 정원산정 조정	5%	20일	불규칙		

위의 내용을 바탕으로 개인별로 직무기술서를 작성하고 직무가치를 평가하였다. H기업의 직무는 난이도와 숙련도의 평가조합(MIX)을 점수화하여 등급을 결정하였다.

숙련도 평가란 하나의 과업을 해당 직급의 사원이 어느 정도의 세월과 기간 동안 수행해야 완벽하게 그 과업을 처리 할 수 있는가를 평가하는 것으로, 그 수준과 유형에 따라 각각 A, B, C로 구분한다. 또한 직무난이도는 하나의 과업을 수행하는 과정에서 업무 난이도를 5단계로 분류하여 통솔업무, 기획업무, 판단, 지도업무, 정형업무, 단순 반복업무로 평가, 등급을 설정하는 작업이다.

H기업의 최종적인 평가 등급설정은 난이도와 숙련도의 조합(MIX)에 의해 대응 등급을 설정하고 중요도 비중을 적용하여 직무종합 점수를 산출하였다. 산출한 직무종합점수는 해당 직무자의 임금과 비교 분석하여 직무에 따른 임금수준의 적정성을 비교 분석함으로써 직무 등급에 대한 평가를 실시하였다. 이러한 대응등급의 경우 난이도와 숙련도의 평가가 이루어지면 등급은 자동으로 결정된다고 볼 수 있는데 전체 과정에 대한 검증 내지는 검토과정이 반드시 필요하다. 즉, 하나의 과업에 대한 평가를 실시한 후 등급부여 기준에 의하여 과업의 평가가 정확한지, 등급에의 대응이 적절한지를 검토하여 최종 평가등급을 설정해야 한다.

〈그림 5〉 단위업무 최종평가등급

직렬	직무	단위업무	난이도	숙련도	대응등급	중요도 비중(%)	직무 종합 점수
기획	사업계획 수립	- 단기 사업계획 수립 - 중장기 사업계획 수립	A	a	10	10%	10
	경영평가	- 사업실적 취합 및 분석 - 프로젝트별 사업평가	A	a	10	5%	5
	규정 제정 관리	- 정관 개정 - 연합회 규정 개정 - 업무지침 제정	B	b	7	5%	3.5
	대외업무	- 관세청 등 유관기관 대응업무 - 대외 인증 업무	A	a	10	5%	5
	이사회 운영 관리	- 이사회 준비 및 개최 운영	B	b	7	10%	7
	조직기구 개편 및 조정	- 각 팀별 업무분장 및 조정	A	a	10	10%	10
연봉 평가	평가관리 총괄	- 직원 및 팀장 성과 관리	B	a	8	5%	4
	직원 연봉조정 관리	- 평가에 따른 연봉조정(안) 상정 - 연봉 인상율 산정 및 재원분석	B	a	8	10%	8
인사	인력수급계획 및 관리	- 프로젝트별 인력수급계획 및 관리	B	b	7	5%	3.5
	직무 및 정원조정	- 각 조직별 직무조정 및 정원산정 조정	A	b	9	5%	4.5

2. 임금체계 개선

1) H기업의 임금정책선(Pay Policy Line) 결정

H기업의 임금정책선은 업무의 특성상 우수인력의 유치를 목표로 모든 직급에서 시장급여보다 높은 수준의 임금을 설정하는 전략을 활용한다. 단, 현재의 연공급 형태의 급여체계를 업적성과에 따라 임금이 결정되는 업적급 형태를 유지하고 구성원 개개인이 수행하는 직무에 따라 임금이 결정되는 직무급 도입방안을 검토하였다.

H기업의 연봉제는 기본연봉과 업적연봉으로 구분하여 구성원 생활의 안정과 조직의 성과에 동시에 충실할 수 있도록 현재의 기본금, 직무관련 각종 수당, 생활관련 수당을 일괄 통합하여 기본연봉과 업적연봉 및 경영성과급으로 구성되도록 설계하였다.

연봉제 구성 체계 변화

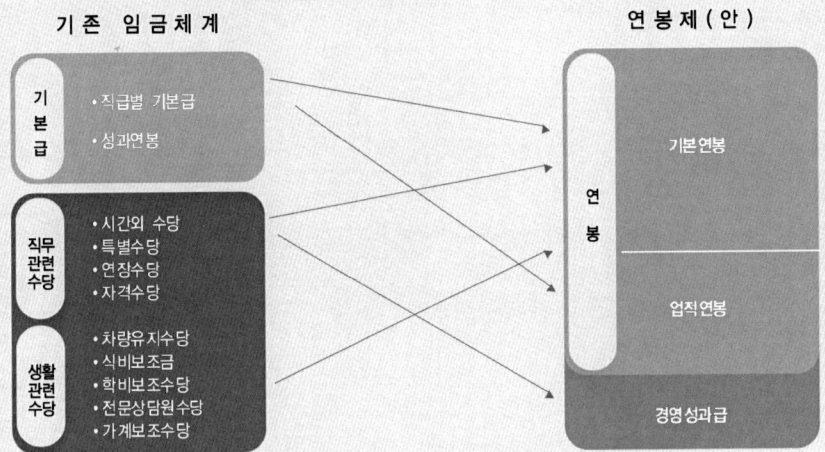

연봉제 전체 기본 구조

- 임금 구조는 성과주의/동기부여에 있어 보다 명확한 목적성이 있는 방향으로 설계하는 것이 필요함

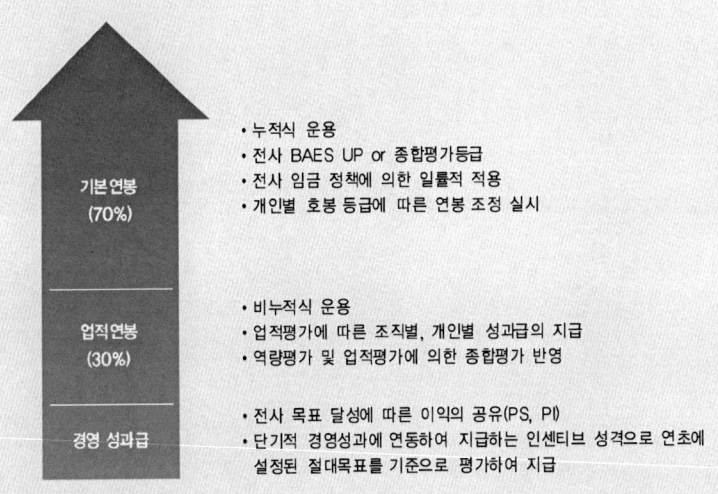

2) 연봉 직급별 Pay-Band 기준점 설계

그리고 직급별 Pay-Band 기준점과 직급 간 피치를 산정하고 직급 간 차이를 조정하여 전체적인 임금 기준점을 결정하였다.

- 기준점 : 직급별 연봉수준을 결정하는 기준이 되는 점 (대졸 초임연봉을 시작점으로 함)
- 각 직급별 피치는 H기업의 임금 정책에 따라 조정함
- 기준점이 곧 직급별 Pay-Band의 중간점이 됨 (현 초임금 보다는 약간 높아야 함)
- 현 회사의 초임금과 너무 차이가 나지 않도록 피치를 임의 조정함
- 6급, 5급, 4급 기준점은 현 직급별 임금과 2009년 기업산업별직급별 초임수준 (한국경총자료)을 참조하여 책정함
- 3급, 2급, 1급 기준점은 현 직급별 임금 수준과 H기업의 임금정책에 의거하여 조정함

3) LIFE CYCLE에 따른 임금 시뮬레이션

임금정책선의 타당성을 확인하기 위해 H기업 직원들의 라이프 사이클에 따른 연봉을 산출하여 연봉제로 인한 임금 수준을 점검하였다.

4) 직급별 PAY-BAND 설정 구조

직급별 Pay-Band는 A, B, C-Band로 구성하고 Pay Range 간 임금수준은 상호 중복되도록 설계하여 승급하지 않더라도 성과에 따라 높은 임금을 받도록 설계하였다.

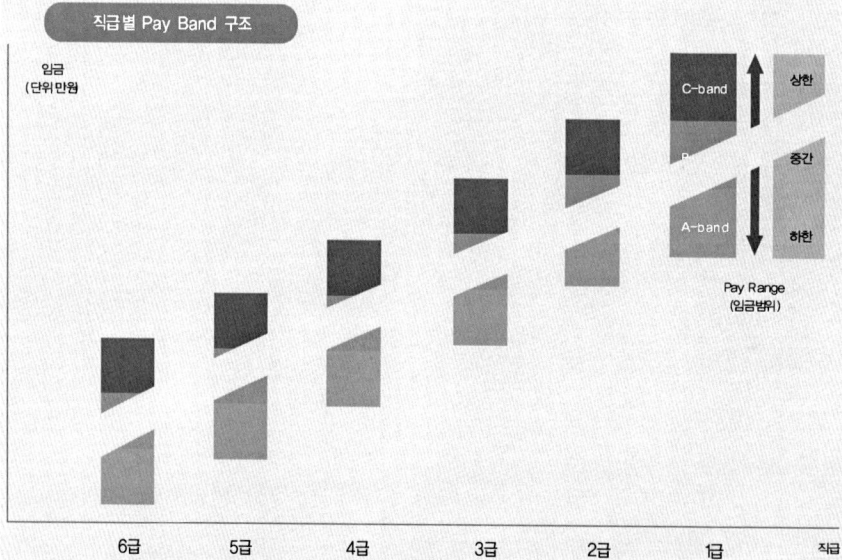

5) 연봉제 운영 방안

(1) 단계별 평가 등급 적용방안

인사평가에 따른 업적급과 역량평가 적용방법은 1단계 도입기에서 3단계 정착기까지 점차적으로 확대하도록 구성하여 성급한 성과주의로 인한 조직 내 혼란이 최소화되도록 하였다.

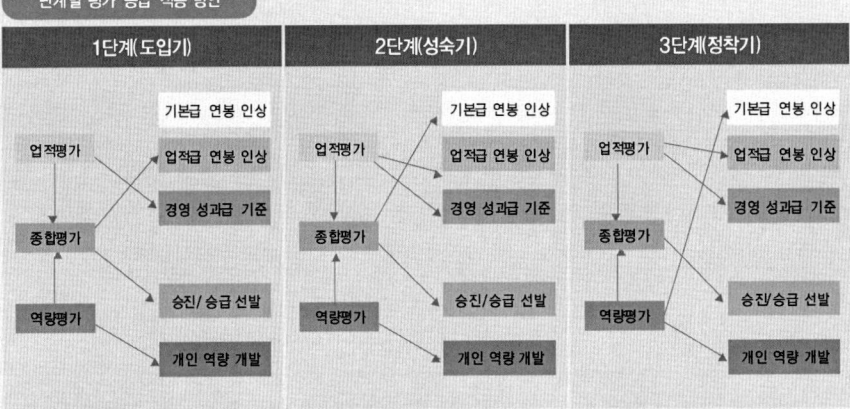

(2) 기본급과 업적급 구성방안

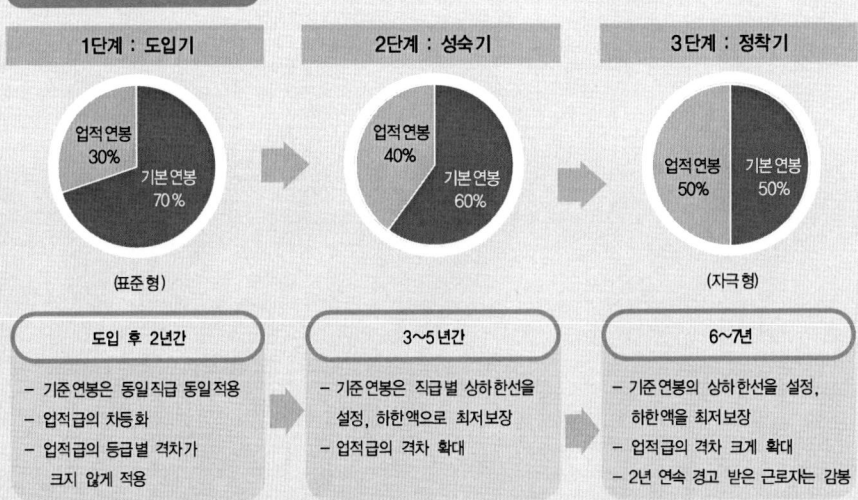

(3) 기본급 연봉 조정기준

〈대안 1〉 금년도 기본연봉 = 전년도 연봉 × { 1 + 임금 인상률 × 전년도 평가조정계수 } × 구성비율

〈대안 2〉 금년도 기본연봉 = 전년도 연봉 × { 1 + 임금 인상률 } × 구성비율

- 매년 일정시기를 정하여 기본연봉을 일률적으로 조정하고, 연봉제 초기에는 〈대안 2〉 적용이 타당할 것임
- 임금 인상률은 타회사의 임금수준, 물가상승 및 기업의 경영실적 감안하여 결정

(4) 업적급 연봉조정기준

업적 연봉 조정기준 및 평가 등급 별 격차분포

금년도 업적연봉 = 금년도 기준 업적 연봉 × 전년도 평가조정계수

등급	S	A	B	C	D
〈대안1〉 평가조정계수	1.4	1.2	1.0	0.8	0.6
〈대안2〉 평가조정계수	1.2	1.1	1.0	0.9	0.8
〈대안3〉 평가조정계수	1.1	1.05	1.0	0.95	0.9

- 연봉제 초기 단계에서 너무 격차가 크거나 작아도 바람직 하지 않음
- 〈대안 2〉 평가조정계수 적용이 타당할 것임
- 금년도 기준업적연봉 = 전년도 연봉 × { 1 + 임금 인상률 } × 구성비율

(5) 업적급 격차 대비

업적급을 적용하였을 경우 평가로 인한 상위등급과 하위등급간의 격차를 대비하여 구성원들의 인사 평가로 인한 부담을 줄이도록 분석하였다.

5급 업적급 대비표

(단위 : 만원)

구분	상위등급	하위등급	연봉차이
업적평가 편차가 많을 경우	931 (S 등급평가지수 1.4)	399 (D등급평가지수 0.6)	532
업적평가 편차가 보통일 경우	798 (S 등급평가지수 1.2)	532 (D등급평가지수 0.8)	266

(6) 실행 계획

기본적인 연봉제 운영의 제반사항과 바람직한 도입방안의 방향을 설정한 이후, 연봉제 도입의 원칙과 시뮬레이션 방안, 연봉제 규정, 포괄 연봉 테이블, 연봉제 관련 법규의 적용여부 검토, 연봉제 관련 계약 등의 자료 전달과 교육을 통해 연봉제 설계를 완료하였다.

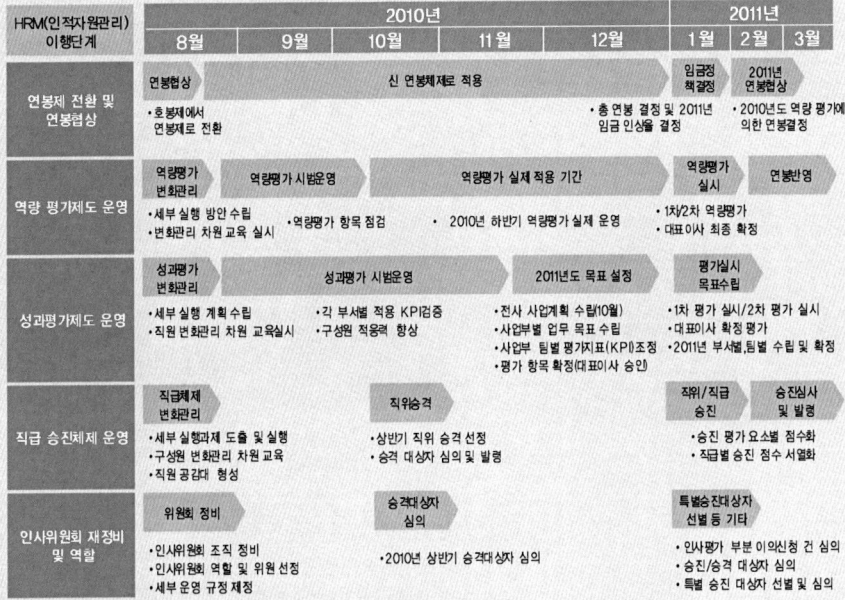

V. 기대효과 및 시사점

인사조직 제도는 기본적으로 기업을 뒷받침하기 위해서 존재하는 제도이다. 조직의 존재이유와 목표를 달성하기 위해 인사제도가 전략적 인적자원관리 관점에서 계획되고 실행되려면 인사담당팀의 HRM에 대한 능력과 여타 다른 부서의 적극적인 협조가 절대적이라고 할 수 있다.

현재의 H기업의 임금·직무체제로 인하여 발생하는 문제는 기업의 성장발전을 위해서는 시급히 해결하고 내부적인 구성원의 갈등을 해소해야 한다. 따라서 이를 극복하기 위한 전사적인 협력이 요구된다고 할 수 있겠다.

H기업의 임금직무제도의 체계적인 정립으로 구성원의 합리적인 보상기준을 수립하고 직무와 연결되는 임금체계의 수립을 통해 종업원의 생산성 향상과 업무 집중도 향상을 도모할 수 있을 것이다. 또한 연봉제실시로 성과, 역량평가에 의한 평가체제를 도입할 수 있는 기반이 조성됨으로써 조직 생산성 향상을 통한 글로벌 기업으로서의 도약의 발판을 마련할 수 있을 것으로 기대한다.

ㄱ기업

기업성장과 개인역량개발 전략으로서의 성과주의형 평가·보상 시스템 구축

설립일
1976년 6월 7일

업종
건설업

소재지
서울시 강남구

인원
265명

매출액
992억원 (2009년 기준)

근무형태
주간근무 (교대제 없음)

I. 회사소개

I기업은 1976년에 전문건설업체로 창업하였다. 주 생산물로는 토공사, 포장공사, 철근콘크리트공사 등이 있으며 현재까지 국가기간산업인 도로, 터널, 지하철, 항만, 공항, 골프장 부지조성 등을 시공해 왔다.

2009년 12월 말 기준 매출액은 99,247백만 원으로, 최근 3년간 평균 26%의 매출 증가율을 보이고 있으며 3년 평균 영업이익 증가율은 0.29%이다. 지난 3년간 고용조정으로 인한 인원의 감축이나 해고 사례는 없었으며 약 10%정도 고용이 증가하였다.

I기업은 서울에 본사를 두고 20여 개의 현장별로 각 관리직과 현장 기술직 근로자가 배치되어 있다. 본사와 현장의 관리직과 기술직 근로자는 모두 정규직으로, 본사에 약 25명, 현장에 약 140명의 근로자가 근로 중이며 현장 일용직을 포함하여 총 근로자수는 약 260명이다.

〈그림 1〉 I기업의 인력현황

직 군		고용형태	근로자수
본사	관리직	정규직	약 25명
현장	관리직		약 140명
	기술직		
	일용직	일용직	약 100명

II. 컨설팅 개요

1. 추진배경

I기업은 전문건설 업종의 특성상 상용근로자 외에도 100여 명의 일용근로자를 고용하고 있으며 근로시간 중 연장근로와 휴일근로가 상당히 많은 부분을 차지하고 있다. 2010년 고용노동부로부터 장시간 시간외근로와 일용직 임금지급체계에 대해 시정지시를 받은 적이 있으나 동종업계에서 통용되는 임금지급기준과 근로시간에 대한 관행이 굳어져 있어 개선점을 찾기가 쉽지 않았다.

근로시간 및 임금체계 개선의 필요성은 일용직의 근로조건 개선에 대한 고민에서 시작되었다. 그러나 정규직 근로자의 경우에도 본사와 현장의 역할과 업무가 상이하고 근로시간, 휴일, 휴가 등의 근로조건이 다름에도 불구하고 이러한 특성이 임금체계에 제대로 반영되어 있지 않았으며 객관적인 성과평가와 성과에 대한 공정한 보상시스템이 갖추어져 있지 않아서 경영성과 대비 임금수준에 대한 만족도는 낮은 편이었다. 따라서 임금체계의 개선을 통해 기업과 개인이 함께 성장할 수 있는 성과주의형 보상과 평가 시스템의 도입이 요구되었다.

2. 컨설팅 범위

정규직 상용근로자 임금체계의 내부공정성 확보를 위해 근로자들의 역량과 업무성과를 공정하게 평가할 수 있는 평가제도를 마련하여 업무성과와 개인의 역량평가가 객관적으로 평가될 수 있도록 하고 기존의 임금체계를 성과와 연계하여 고성과자를 우대하고 육성할 수 있는 임금제도로 개선하고자 하였다. 일당제의 경우에는 건설현장의 임금지급 관행에서 크게 벗어나지 않는 범위 안에서 근로기준법에 부합하는 임금체계로의 전환을 고려하였다.

3. 컨설팅 프로세스

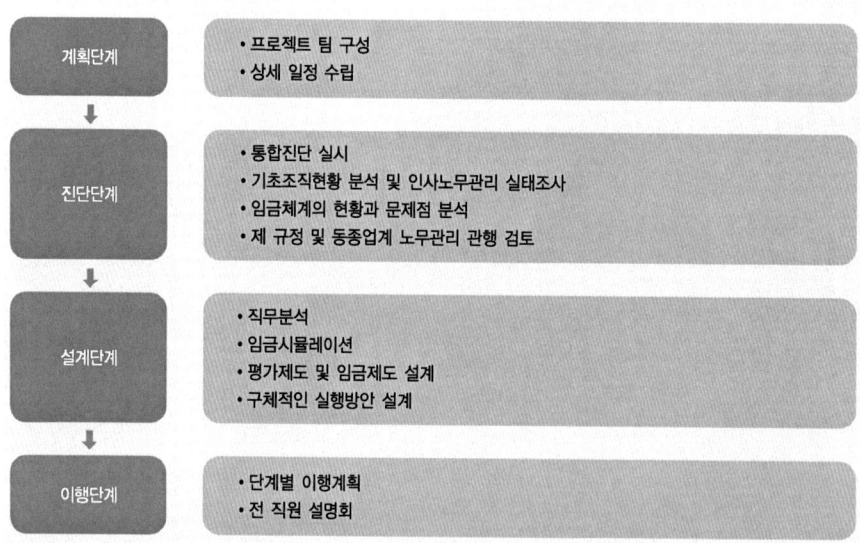

III. 분석 및 설계방향

1. 통합진단 결과

생산적 노사관계, 전략적 인적자원관리, 인적자원 육성, 참여적 작업조직의 4가지 작업장혁신 요인에 대해 정규직 근로자를 대상으로 통합진단을 실시했다. 그 결과 가장 낮은 인식수준을 보인 전략적 인적자원관리 분야는 보상에 대한 것으로, 보상합리성에 대한 만족도가 전반적으로 낮게 나타났다. 특히 동종업체 대비, 자신의 능력과 노력 대비, 경영성과 대비 임금수준에 대한 만족도가 매우 낮은 수준으로 나타나 이에 대한 개선이 시급하였다.

2. 기초자료 분석 결과

정규직 근로자에 대한 임금체계는 '호봉제'를 기본으로 하며 각 호봉의 임금 등급을 5등급 내지 6등급으로 나눠 개인의 인사고과, 현장실적, 대표이사의 의견 등을 반영하여 차등 인상하도록 하고 있었다. 그러나 각각의 반영비율이나 기준이 명확하지 않고 인사고과 역시 현장소장이나 소속 부서장에 의해 일방적으로 평가되고 있어 성과 보상에 대한 내부공정성을 확보하는데 어려움이 있으며 개인의 성과향상에 대한 동기부여가 미흡하였다.

일당제의 경우 시간외근로수당 지급 시 시간급 통상임금으로 환산하여 통상시급의 50%를 가산한 임금을 시간외근로수당으로 지급해야 함에도 불구하고, 주휴수당, 연장근로수당, 휴일근로수당, 연차휴가수당이 모두 포함된 것으로 역산하여 근로자들에게 임금을 지급하고 있었다. 이 역시 근로기준법 기준에 부합하지 않으며 이미 고용노동부 근로감독을 통해 급여체계 변경에 대한 시정지시를 받은 사실이 있으나 동종업계의 관행 상 시급제로의 전환이 어려운 실정이었다. 게다가 현 일당을 유지하며 근로기준법에 부합하는 임금을 지급하는 것은 회사에 큰 경제적 부담을 가져오므로 노사 모두 만족할 수 있는 적법하고 합리적인 임금지급체계로의 개선이 필요하였다.

1) 평가체계

연 1회 인사고과를 실시한다. 평가항목으로는 능력, 태도, 업적에 대한 공통 평가와 직종(기술직, 관리직)에 따른 업무수행 능력 평가가 있으며 총점 100점을 기준으로 상급자에 의한 3차(1차 – 팀장 또는 현장소장, 2차 – 임원, 3차 – 대표이사 등) 고과가 이루어진다. 인사고과 결과는 승진대상자를 선정하거나 근로자별 임금인상 등급을 결정할 때 주로 활용되고 있으나 인사고과의 평점이 임금인상 등급 등을 결정하는 절대적 기준은 아니며 인사고과 결과를 바탕으로 현장실적, 현장에서의 평판 등을 고려하여 대표이사가 최종적으로 결정한다.

2) 임금체계

대상	호봉제	일급/시급제
	본사 관리직	현장 일용직
	현장 관리직, 현장 기술직	

임금체계는 크게 호봉제와 일급제(또는 시급제)로 구분된다.

(1) 호봉제

직위별 재직 연한에 따라 호봉이 정해진다. 각 호봉은 1등급에서 5등급 내지 6등급의 임금등급이 있어 호봉 상승 시 개인의 인사고과결과, 현장실적, 대표이사의 의견 등을 고려하여 임금을 차등인상 할 수 있도록 한다.

신입사원의 경우 학력에 따라 직위가 결정되고 해당 직위에 해당하는 임금등급의 결정은 대표이사의 의사결정에 따른다. 예를 들어, 대졸 신입사원의 경우 4급사원(을)의 1년차의 직위에 해당하므로 4급사원(을) 1년차 1~6급 사이의 호봉 중 대표이사의 결정에 의해 임금등급이 결정된다. 경력사원의 경우 대표이사가 해당 근로자의 동종업계 경력을 고려하여 직위 및 초임의 임금등급을 결정한다.

재직연수에 따라 매년 호봉이 변경되는데 개인별 월 임금 총액은 인사고과 결과(약 50%), 현장실적(약 30%), 기타 요소(본사의 현장평가, 경력, 개인의 능력, 대표이사의 의견 등 20%)를 고려하여 호봉별 임금등급(1~5급 또는 6급)의 범위 내에서 개인별로 차등 인상한다.

(2) 일급제/시급제

현장 일용근로자의 임금은 내국인 근로자를 대상으로 한 일급제와 외국인 근로자를 대상으로 한 시급제로 구분된다. 일급제의 경우 직종과 개인의 경력에 따라 일급(최저 10만원~최고 14만원)이 다르게 정해지며 임금지급은 1일부터 말일까지의 출근일수에 일급을 곱하여 지급한다.

시급제의 경우 모두 동일하게 최저임금을 기준으로 근로시간에 비례하여 지급하고 있다.

3) 임금의 구성

(1) 호봉제

가. 포괄산정임금제에 따른 기본급과 법정제수당의 결정

현장일용직을 제외하고 직종에 상관없이 시간외근로수당을 매월 포괄하여 지급한다. 직위별 임금등급표에 따라 월 임금총액이 결정되며 이에 따라 기본급, 연장근로수당, 휴일근로수당, 야간근로수당, 연차수당 등 매월 고정적으로 지급되는 임금액이 결정된다.

나. 기타 수당

직위별 임금 등급표에 의해 고정적으로 지급되는 임금 이외에, 현장에서 근무하는 근로자들에게는 겸직수당, 자격수당, 공무수당, 특별수당을 지급한다. 2개 이상의 현장에서 겸직을 하거나 1개 현장에서 2개 이상의 직책을 수행하는 경우 겸직수당을 지급하며 현장 기술직의 경우 해당 전문분야의 자격증 소지자에게 자격수당을 지급한다. 또한 현장 공무책임자에게는 직책수당의 성격인 공무수당을 지급하고 특정분야의 업무를 담당하는 근로자에게는 대표이사의 결정에 따라 특별수당을 지급할 수 있다.

다. 성과급

2009년부터 공사 수익금 달성도에 따라 현장 상용직들을 대상으로 성과급을 지급해 왔다. 매년 전체 목표 수익과 각 현장별 목표 수익을 1~3단계로 설정하고 목표 달성도에 따라 지급요율을 달리하여 지급한다.

(2) 일급제/시급제

일급제의 경우 일급을 월급여로 환산한 뒤 정규직과 같은 방법으로 기본일급, 주휴수당, 연장근로수당, 야간근로수당, 휴일근로수당, 연차휴가수당 분을 포괄산정하여 근로계약을 체결한다. 일급제 포괄산정방법은 아래의 〈그림 2〉와 같다.

〈그림 2〉 일급제 포괄산정방법

임금의 구성항목	포괄산정
기본급	1주 40시간, 월 환산 174시간 (41.16%)
유급주휴수당	1주 8시간, 월 환산 35시간 (8.28%)
연장근로수당	1일 2시간, 월 환산 73.66시간 (17.42%)
휴일근로수당	월 환산 130시간 (30.75%)
연차휴가수당(월)	10시간 (2.39%)

현장 일용직 근로자 중 외국인근로자에 대해서는 시급제로 임금을 지급한다. 지급 시급을 기준으로 시간외근로에 대한 가산임금과 주휴수당 등 기본임금 이외의 수당에 대해 근로기준법의 지급기준에 따라 지급하고 있다.

3. 제도설계 방향

1) 평가제도의 개선 - 성과평가제도 도입

팀의 업적과 개인의 역량을 공정하고 객관적으로 평가할 수 있도록 평가제도를 개선하였다. 또한 회사의 전략 및 개별 부서의 목표를 평가항목과 전략적으로 연계하여 구성원 개개인이 담당업무와 관련한 성과책임 의식을 강화하고 조직의 성과 향상에도 기여할 수 있도록 했다. 아울러 성과와 보상을 연계하여 근로자들에게 동기부여할 수 있도록 하였다.

2) 임금체계의 개선 - 범위직무급 체계로의 개선

근로자들의 동기를 유발하고 인사고과 및 업무성과와 연계하여 임금의 내부공정성을 확보하기 위한 임금체계의 개선이 필요했다. 따라서 직무조사결과를 바탕으로 한 직무분석 및 직무평가를 통해 범위직무급 체계로 개선하였다.

3) 현장 일용직 일급체계의 개선

일급제의 현 급여수준을 저하하지 않는 범위 내에서 법정근로시간에 대한 일급을 기준으로 시간외근로수당, 주휴수당 등을 재설계하여 근로기준법에 부합하는 임금체계로 전환하였다.

IV. 제도설계 및 실행계획

1. 직무분석

현장관리직과 현장기술직, 본사관리직의 세 직무로 나누어 직무조사, 직무분석 및 직무평가 기술, 노력, 책임, 작업환경의 4가지 요소로 평가했다. 그 결과 현장기술직, 현장관리직, 본사관리직의 순으로 평가순위가 결정되었으나 현장관리직과 본사관리직의 차이는 크지 않았다. 직무급 도입 시 직무급에 임금격차를 둘 것인지는 향후 임금시뮬레이션을 통해 결정하기로 하였다.

2. 평가제도의 개선

1) 개요

기존의 개인의 태도, 업적, 업무수행 능력을 일률적인 고과항목에 의해 평가하던 것을 업적평가와 개인 역량평가로 구분하고, 평가항목을 핵심성과지표(KPI)와 역량항목으로 세분화하였다.

업적평가방법은 목표관리(MBO)방식의 평가방법으로 개선하여 조직의 목표와 연계된 합리적 목표를 설정하도록 했다. 역량평가방법은 고과자의 오류를 줄일 수 있도록 공통, 직무, 계층별 요구역량과 행동지표 중심평가가 되도록 개선하였다.

업적평가와 역량평가의 반영비율은 각각 50%로 하고 평가자체계를 업적평가의 경우 1차 평가 중심으로, 역량평가의 경우 2차 평가체계로 전환했다. 단, 1차 평가에 가중치를 높게 설정하여 1차 평가자의 평가권한과 책임을 강화하고 평가결과의 객관성 및 수용도를 제고하였다. 또한 평가결과를 고과승급 기준에 반영하도록 하였다.

〈그림 3〉 인사평가제도의 개선방향

내용	현행 인사고과제도		신 인사평가제도
평가종류	개인업적, 태도, 업무수행능력 평가		업적평가 역량평가
평가항목	일률적/일반적 고과항목	업적	핵심성과지표(KPI)
		역량	역량항목
평가방법	개인별 점수 직접 부여	업적	목표관리(MBO)
		역량	행동지표 중심평가
평가자체계	1차, 2차, 3차 평가 (가중치 없음)	업적	1차 평가(100%)
		역량	1차, 2차 평가 (1차 60%, 2차 40%)
등급결정	전사차원에서 일정 비율 내에서 등급부여 (상30%, 중50%, 하20%)		부서별/현장별 최적등급할당제 S, A, B, C, D 등급조정권
반영방법	임금등급 결정시 약 50% 정도 반영 및 고려함.		기본급 고과승급의 기준

3. 보상제도 개선

1) 직급체계의 신설

개인의 능력 및 성과에 연동한 보상 차별화가 가능하도록 직무급제의 도입을 고려하여 아래와 같이 직급체계를 신설하였다.

 직위 및 호칭은 그대로 두고 직급체계를 신설하여 직급과 pay band를 일치시킨 후, 직무 분석 및 평가결과에 따라 각 직급에 맞는 직무를 분류하였다.

〈그림 4〉 직급체계의 개선방향

개선전 직위		호칭	신 직급체계	
부장		부장 (5년)	Manager Specialist	M1
				M2
차장		차장 (5년)		M3
				M4
				M5
과장		과장 (5년)	Senior	S1
				S2
				S3
대리		대리 (3년)	Junior	J1
				J2
				J3
사원	4급사원 (갑)	4급사원 (3년)	Clerk	C1
	4급사원 (을)	5급사원 (2년)		C2
	5급사원	6급사원 (2년)		C3
	6급사원			

2) 직급별 급여 범위 결정

I기업은 현재 총 임금 수준의 범위 안에서 급여 체계의 변화를 요구하였기 때문에 등급별 급여 범위는 당해 등급에 속한 근로자의 평균급여를 중간값으로 하여 각 등급별로 30%로(최저수준 = 평균값/(1+15%), 최고수준 = 최저수준 + 최저수준×30%) 정했다. 이를 통해 기존의 직위별 최고·최저 임금의 수준에서 크게 벗어나지 않도록 하였으며 호봉제에서 직무급의 도입 초기이므로 직급이 높은 그룹도 급여 범위는 최대한 줄였다

〈그림 5〉 등급별 급여범위

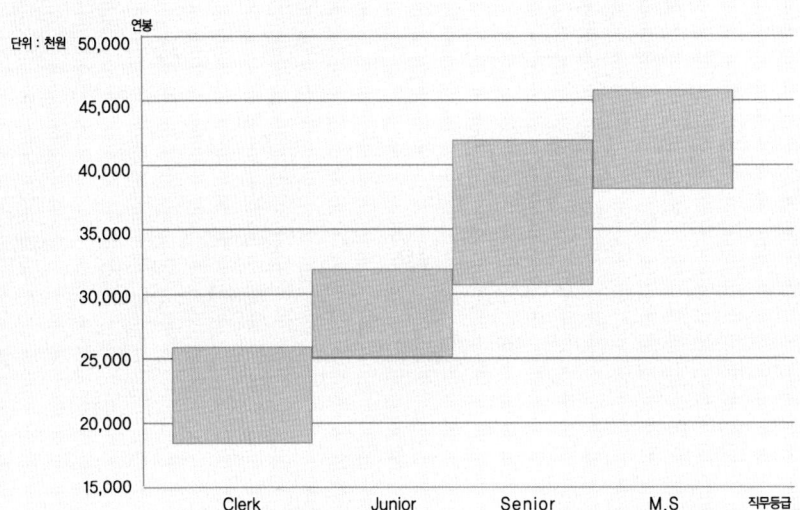

위 급여범위 안에서 매년 개인별 성과평가에 따라 연봉조정이 이루어지도록 설계하였다.

3) 고과승급 방법

고과승급 방법에 의해 기본연봉을 차등 인상하는 것을 원칙으로 했다. 물가상승률, 경영이익 등을 고려하여 임금의 기준인상률을 정하고 평가결과를 반영하여 다음과 같은 방법으로 임금인상 기준을 차등 적용하였다.

향후 직무등급별 기본연봉의 위치를 파악하고 성과평가에 의해 임금인상률을 결정하되 기본연봉의 등급별 범위 내에서의 위치(상, 중, 하)와 성과평가등급의 위치(상, 중, 하)에 의해 각각의 임금인상률에 차이를 두도록 하였다. 구체적으로 등급 내에서 상위 1/3구역, 즉 성과가 우수하여 조기에 상위수준에 도달한 자 또는 over pay 된 자 중에 장기 체류자에게는 동일 성과일 경우 임금인상률이 가장 낮도록, 하위 1/3구역, 즉 해당 직급의 조기 진입자인 경우에는 동일 성과일 경우 임금인상률을 가장 높게 적용하도록 설계하였다.

〈그림 6〉 고과승급 방법

α = 기준인상률

임금수준	평가등급				
	S	A	B	C	D
상	α	$\alpha-1$	$\alpha-2$	$\alpha-2.5$	0
중	$\alpha+1$	α	$\alpha-1$	$\alpha-2$	0
하	$\alpha+2$	$\alpha+1$	α	$\alpha-1$	0

4) 기본 연봉의 결정

기존 임금 내역 중 연차수당은 개인별 근속연수와 상관없이 근속기간이 1년 미만인 근로자를 포함하여 일괄적으로 동일하게 지급되었으므로 연차휴가에 대한 보상으로 유효하지 않으며 통상임금에 해당했다. 이에 시간외근로수당과 함께 기본연봉으로 포함했다. 단, 기본 연봉 안에는 일정 시간 분의 시간외근로수당을 포괄함을 연봉계약서 등에 명시하여 임금의 구성항목, 지급기준 등에 대해 근로자가 명확히 알 수 있도록 하였다.

<그림 7> 기본 연봉체계의 개선방향

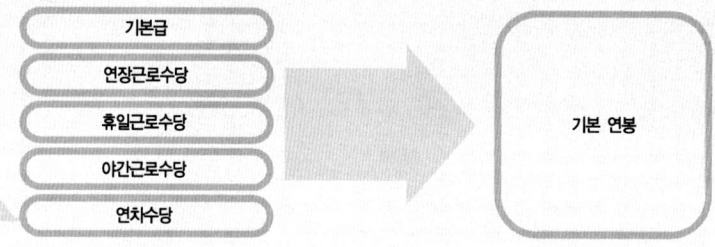

4. 현장 일용직의 임금체계 개선

기존에는 소정근로시간, 휴일근로시간 등의 구분 없이 동일한 일당을 기준으로 출근일수에 비례하여 임금을 산정한 후, 사후에 기본급, 시간외근로수당, 연차수당 등을 역산하여 지급해 왔다. 이러한 기존 방식을 법정근로시간을 기준으로 일급을 재설정하여 통상시급 기준으로 주휴수당, 시간외근로수당 등을 근로기준법에 부합하는 방법으로 지급할 수 있도록 아래의 표와 같이 지급체계를 개선하였다.

<그림 8> 임금체계의 개선방향

임금항목	기존 임금체계	개선안	비고
지급 기준임금	일당 (7:00~18:00)	기본일급 8시간 분 (7:00~16:00)	
1일 고정연장근로	일당에 포함	3시간 분 고정연장근로수당	할증임금 반영
주휴수당	일당에 포함	1주 5일 만근 시 기본일급 지급	
휴일근로	일당 동일 지급	16시간 분 휴일근로수당 지급	추가인력 활용 시 1인당 5시간분의 인건비 절감가능
연차수당	일당에 포함	1년 이상자 : 1년 8할 이상 출근 시 미사용 연차수당 지급	

* 1일 근로시간 : 7:00~18:00(16:00~18:00 고정 연장근로)

5. 실행계획

2010년 말까지 임금직무체계 개선 컨설팅 결과 도출된 평가제도와 임금체계개선안에 대해 관련부서에서 임금시뮬레이션을 실시하고 구체적인 실행방안과 효과 등을 재점검한 후, 향후 근로자들의 의견을 들어 제도도입에 대해 고려해 보겠다는 것이 경영진의 입장이다.

V. 기대효과 및 시사점

1. 동기부여 및 임금의 공정성 제고

직무급제 도입을 통해 승진이나 연공보다는 직무의 가치와 성과에 의하여 보상이 차별화됨으로써 성과를 내기 위한 동기부여 및 임금의 내부 공정성 제고에 도움이 될 것으로 기대된다.

2. 조직의 성과향상 및 구성원의 역량개발 기능 강화

공정하고 객관적인 인사평가로 경영과 인사에 대한 불신을 해소하고 조직과 개별부서의 목표, 개인의 담당업무에서 달성해야 할 성과책임에 대한 의식을 명확히 하여 조직의 성과향상과 구성원의 역량개발에 기여할 것이다.

3. 법적 분쟁의 예방

일용직의 경우 수당지급 기준의 명확화, 통상시급을 기준으로 한 법정수당 지급체계로의 개선을 통해 법적 분쟁과 추가 경제적 비용 부담의 위험요소를 줄여 안정적인 인적자원관리를 도모할 것으로 기대한다.

J기업
직무특성을 반영한 임금체계 수립

설 립 일
1991년 4월

업 종
건설업

소 재 지
서울시 서초구

인 원
61명

매 출 액
200억원 (2009년 기준)

근 무 형 태
주간근무 (교대제 없음)

I. 회사소개

1. J기업 개요

J기업은 1991년에 설립된 건설 및 인테리어 전문 업체로, 국내 유통상업시설 및 종교집회시설(교회) 건축, 코스메틱 브랜드 등의 전문 매장 및 전시장 기획·시공 분야에서 두각을 나타내고 있다. 2000년 ISO인증, 2009년 자체 R&D연구소 설립에 이어 2010년 중국(상해) 법인 설립 등 국내 실내건축업계에서의 활발한 성장에 이어 해외 진출을 향해 도약하고 있다.

2. 조직 및 현황

〈그림 1〉 기본 현황

주생산품	건설, 인테리어 등					
상시종업원	합계		사무직		생산직	
			정규직	비정규직	정규직	비정규직
	61명	남	36명	명	10명	명
		여	15명	명	명	명
면허·인증현황	실내건축공사업 J기업 기업부설연구소 ISO 9001					
연 매출	230억원					
시공능력평가액	230억원 (2010년도)					
시공능력순위	39위 / 1,761 (2010년도)					

II. 컨설팅 개요

1. 추진배경

J기업은 인원의 규모로 볼 때 2007년 7월부터 주 40시간 근무제가 의무적으로 적용되어야 하는

사업장임에도 불구하고 건설기업의 특성과 현장관리의 어려움, 현장과 본사간의 형평성 문제 등의 이유로, 체계적인 주 40시간 적용 도입을 미루고 있다. 결국 이러한 상황이 현장은 현장대로, 본사는 본사대로 양측의 직원 모두에게 업무 만족도를 하락시키는 요인으로 작용하고 있다.

또한 중소기업에서 일반적으로 실시하는 '월급을 합산한 형태의 연봉제'를 J기업 역시 실시 중이다. 이에 따라 객관적인 업적에 대한 판단보다는 부서장이나 경영자의 감각적인 판단에 의해 연봉이 결정되는 경우가 많다. 설령 그러한 연봉수준이 적정하다고 하더라도 적용 대상인 직원의 입장에서 볼 때 객관적인 근거를 제시하지 못하므로 제도 운영에 대한 신뢰와 수용 정도가 낮다.

건설기업의 경우 건설기업 특수성에 맞는 관리 기준을 통하여 체계적인 의사전달과 회사 방침의 이행, 규정의 준수 등이 필요하다. 그러나 현장직과 관리직의 직무체계 및 그것을 반영한 임금체계에 대한 마땅한 구분과 기준이 없을뿐더러 경영진의 경영목표 및 의지를 효과적으로 전달하는 통로인 '보상체계'에 대한 전략적 설계가 전무한 실태는 중소 건설기업의 종국적인 관리의 한계를 드러내고 있다고 할 수 있다.

2. 목적 및 범위

J기업은 임금직무체계 컨설팅의 주목적을 현 임금체계의 법적인 문제점 진단을 통하여 조직구성원들의 직무에 적합한 형태의 보상구조로 개선하기 위한 '성과보상제도 설계'에 두었다. 특히 직무별 특성을 반영한 핵심역량을 도출하고 핵심역량을 기준으로 한 공정한 인사고과 및 평가기준을 수립·운영하는데 중점을 두기로 했다.

이를 위해 각 부서별 직무에 대한 직무분석을 실시하고 해당 직무별 핵심역량을 도출, 인사고과 기준 및 평가제도 운영을 위한 노사 TFT팀을 구성하였다.

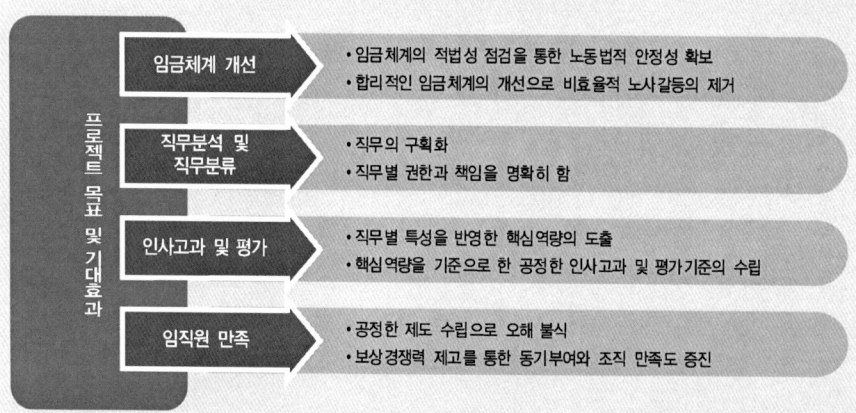

3. 컨설팅 프로세스

J기업의 임금직무체계 개선 컨설팅은 다음과 같은 단계로 진행되었다.

단계	추진내역
1단계 : 준비/착수	• 컨설팅일정, 범위, 방법 협의 • 실무위원회 및 컨설팅팀 구성
2단계 : 인터뷰	• 실무위원회 / 그룹별 인터뷰 • 핵심 이슈 도출
3단계 : 현황분석 및 핵심이슈도출	• 법, 제도적 환경 분석 • 인력운영현황조사 • 제 규정 검토 및 분석 • 제도적 핵심 이슈 도출
4단계 : 직무분석	• 직무의 분류 • 직무기술서 및 직무명세서 작성 • 핵심직무요소의 도출 • 설문항목 개발 • 조사지 배포 및 수거 • 만족도 조사 결과분석 • 불만족 핵심 이슈 도출
5단계 : 개선방안도출	• 개선방안 도출 • 도출 방안 Feedback • 컨설팅 최종보고서 작성

III. 분석 및 설계방향

1. 경영환경 진단 결과

J기업의 경영환경에 대한 SWOT 분석 결과, 건설 인테리어 분야 중 교회건축공사 및 백화점 입점 코스메틱 브랜드의 실내 인테리어 분야에 고정적인 거래처를 확보하고 있다는 점은 강점으로 나타났다. 그러나 전문건설분야로서 업종에 따른 공사 수주의 한계와 공사규모대비 고정인력의 과다 보유로 내부 인건비 부담이 큰 점은 약점으로 작용하고 있었다.

또한 동종업계의 전체적인 침체 현상으로 인해 해당 분야에 대한 전문 특화의 기회 및 업계 선두그룹으로 성장할 가능성이 있는 부분은 기회로 작용하는 반면, 건설 경기의 급속한 침체로 인하여 공사 수주 자체에 상당한 어려움을 겪는 현 상황은 위기로 작용하고 있었다.

2. 조직문화 및 직무만족도 분석 결과

J기업의 조직문화유형은 '네트워크적 기업문화유형'으로, 직원 간에 정서적 상호작용이 풍성하고 교제의 범위가 넓으며 유연한 조직분위기가 형성되어 있었다. 그러나 전사적 차원의 목표에 대한 순간적 결집력, 최고 경영자의 경영전략에 대응하는 발빠른 경쟁력 등이 부족할 수 있는 것으로 나타났다. 또한 '성과창출' 및 '경쟁력 강화'라는 조직의 목표에 부합하기 위해서는 계산적, 교환적 가치를 한층 더 강조하고 적절한 성과보상체계를 설계하여 구성원들이 어느 정도 성과에 민감해지고 선의의 경쟁을 할 수 있는 제도적 방안이 요구되는 것으로 분석되었다.

〈그림 2〉 조직문화 분석 결과

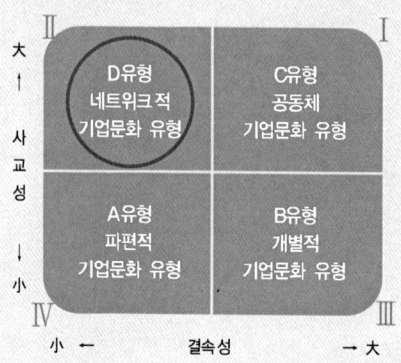

J기업의 조직구성원 직무만족도 분석 결과, Communication 부문에서는 상하 간·부서 간 의사소통의 문제, 수직관계의 일방적 Communication 및 의견수렴의 통로 부재, 부서 간·개인 간의 sectionalize 현상이 존재하는 것으로 분석되었다.

Leadership 부문에서는 부하직원과 함께 매진하는 상사, 실무지식전수 및 업무분장, 팀원 의견 청취 및 의사결정 반영 등의 개선이 시급하고 민감한 과제로 분석되었다. 또한 Employee Enthusiasm 부문에서는 Communication 및 Leadership 영역에서 낮은 만족도를 보였던 10년 이상 근속자들의 만족도가 높게 나타나, 의사소통 및 수직/수평 간 리더십 발휘의 문제를 제외하고는 근속자들의 조직 참여 및 업무의식이 양호한 것으로 분석되었다.

Openness & Respect 부문에서는 직원들에 대한 경영자 층의 이해 노력, 팀의 의사결정 사항 존중, 부하직원의 결정 존중, 동료 간 자유로운 Feedback 등 Communication의 영역과 깊이 연계되는 사안들이 시급한 개선과제로 제시되었다.

마지막으로 Pay, Benefit, Recognition 부문에서는 '급여' 및 '보상차별'에 대한 불만이 주요 개선과제로 제기되고 있어 향후 보상 및 평가제도가 구성원들에게 효율적으로 동기부여를 하고 있는지 점검해볼 필요가 있는 것으로 분석되었다.

〈그림 3〉 직무만족도 분석 결과

1. Communication 영역의 항목 간 "개선시급성"분석

C0. (대표 문항) 나는 우리 회사의 의사소통(Communication) 상황에 대해 만족하고 있다	3.08
★ C01. 우리 회사는 조직 내 상하간 의사소통이 활발하게 이루어지고 있다	2.44
★ C02. 우리 회사는 부서간 의사소통이 활발하게 이루어지고 있다	2.67
C03. 우리 팀은 업무 이슈에 대하여 자유롭게 토론하는 분위기이다	3.10
C04. 나는 우리 회사에서 일어나는 주요 변화에 대해 지속적으로 정보를 받고 있다	2.44
C05. 우리 회사는 직원들의 의견이나 제안에 귀를 기울이고 이에 적절히 대응한다	3.52
C06. 경영상황 등 회사에 대해 궁금한 점이 있으면 주로 팀장 등 직속상사에게 묻는다	3.13
C07. 다른 회사와 비교할 때 의사소통을 위한 제도적 장치는 충분하다고 생각한다	2.90
C08. 우리 회사는 사업계획과 사업목표를 직원들과 공유한다	3.04
C09. 우리 회사의 의사소통을 위한 제도적 장치들은 아주 효과적으로 운용되고 있다	3.30

(전혀 아니다) 1.00   (보통)3.00   (매우그렇다) 5.00

1. Leadership 영역의 항목 간 "개선시급성"분석

Le. (대표 문항) 나는 우리 회사 관리자들의 리더십에 대해 만족하고 있다	3.50
Le1. 우리 회사의 관리자들은 회사의 사업 방향과 업무 목표를 명확하게 제시한다	3.63
Le2. 우리 회사의 관리자들은 직원들에게 명확한 비전을 제시한다	3.38
Le3. 우리 회사의 관리자들은 직원들을 인간적으로 친근하게 대해 준다	3.56
★ Le4. 나의 상사는 조직의 목표를 달성하기 위하여 부하직원과 함께 매진한다	3.10
Le5. 우리 회사의 관리자들은 새로운 아이디어나 새로운 방식에 대하여 적극적으로 지원한다	2.73
★ Le6. 나의 상사는 조직의 목표를 달성하기 위하여 실무지식을 가르쳐 주고 적극적으로 도와준다	2.63
★ Le7. 나의 상사는 팀과 개인 모두의 역량을 발휘할 수 있도록 효과적으로 업무를 분장한다	3.12
★ Le8. 나의 상사는 팀원의 의견을 청취하고 의사결정에 반영한다	2.85
Le9. 우리 회사의 관리자들은 부하직원들에게 깊은 믿음과 신뢰를 준다	3.23

(전혀 아니다) 1.00   (보통)3.00   (매우그렇다) 5.00

1. Employee Enthusiasm 영역의 항목 간 "개선 시급성" 분석

EM. (대표문항) 나는 우리 회사 직원들이 매사에 열정적이라고 생각한다	3.06
EM1. 내가 하는 일은 우리 회사에서 매우 중요한 일이라고 생각한다	3.23
★ EM2. 나의 업무 목표를 명확히 이해하고 있다	3.48
EM3. 나는 회사의 발전과 나의 발전을 별개의 것으로 생각하지 않는다	3.56
★ EM4. 나는 우리 회사에서 개최하는 여러 가지 행사에 적극적으로 참여한다	3.37
EM5. 나는 지속적으로 자기 개발에 힘쓰고 있다	3.48
EM6. 나는 내가 하는 일을 친구나 선후배에게 자랑스럽게 이야기 할 수 있다	3.73
EM7. 우리 회사 직원들은 변화를 두려워하지 않으며 새로운 시도에 대하여 적극적이다	3.62
★ EM8. 회사가 변한다면 나에게 기회가 더욱 많아질 것이라 생각한다	3.44
EM9. 나는 다른 사람에게 항상 최선을 다해 일하고 있다고 자신 있게 말할 수 있다	3.69

(전혀 아니다) 1.00   (보통)3.00   (매우그렇다) 5.00

1. Openness & Respect 영역의 항목 간 "개선 시급성" 분석

항목	점수
OP. (대표 문항) 나는 열린 마음으로, 상호 존중하는 문화가 회사에 정착되었다고 생각한다	3.17
OP1. 나는 업무에 있어서 주변 동료들의 도움을 많이 받는다	3.29
OP2. 나는 업무에 있어서 어려운 일이 생기면 주변 동료들에게 도움을 청한다	3.21
OP3. 우리회사 직원들은 서로 신뢰감을 가지고 있다	2.98
★ OP4. 우리 회사 경영층은 직원들의 생각, 느낌, 희망 등을 이해하려고 노력한다	2.63
OP5. 우리 회사는 팀의 의사결정 사항을 존중해 주고 있다	2.62
★ OP6. 상사는 당신의 결정을 존중해 주고 있다	2.92
★ OP7. 나는 동료의 잘못이나 실수에 대해 자유롭게 충고(Feedback)할 수 있다	2.90
OP8. 인사고과 후에 상사와 함께 부족한 부분과 어떻게 개발할 지에 대해 진지하게 논의한다	2.77
OP9. 우리 회사는 투명경영을 잘 실천하고 있다	3.19

(전혀 아니다) 1.00 (보통) 3.00 (매우 그렇다) 5.00

1. Pay, Benefit, Recognition 영역의 항목 간 "개선 시급성" 분석

항목	점수
PAY. (대표 문항) 나는 우리 회사의 보상제도나 보상수준에 대해 대체로 만족하고 있다	3.00
★ PAY1. 우리 회사의 급여 수준은 동종 업계와 비교할 때 전반적으로 경쟁력이 있다	2.65
PAY2. 우리 회사의 복리후생 수준은 동종 업계와 비교할 때 전반적으로 경쟁력이 있다	3.37
PAY3. 현재의 보상제도는 보다 높은 성과를 내도록 효율적으로 동기 부여하고 있다	3.10
★ PAY4. 우리 회사는 일을 잘 하는 사람과 그렇지 못 한 사람에 대한 보상차별이 잘 되고 있다	2.63
PAY5. 회사성과가 나쁘더라도 팀/개인 목표가 달성되었다면 그에 합당한 보상을 요구할 수 있다	2.83
PAY6. 나는 보상수준을 비교할 때 동종, 유사 업계로 우리와 비슷한 규모의 회사와 비교한다	3.56
★ PAY7. 일을 잘할 경우 많은 성과금을 받을 수 있다면 기본급은 조금 줄어도 괜찮다	2.40
PAY8. 우리 회사의 상벌제도는 매우 효과적으로 운용되고 있다	3.17
PAY9. 현재의 업무환경(조명, 방음, 전산, PC, 쾌적도, 냉난방 등)에 만족한다	3.52

(전혀 아니다) 1.00 (보통) 3.00 (매우 그렇다) 5.00

3. 기초현황 분석 결과

1) 임금체계

J기업의 임금체계는 법적인 기준근로시간과 추가적인 연장근로 운영시간을 사전에 예정하여 이를 급여형태로 전환하여 운영하는 형태이다. 이러한 체계는 연봉제에 바탕을 둔 포괄산정 방식을 취하고 있으나 포괄산정방식이 취해야 하는 적법한 법적 기준이 구비되어 있지 않아 이에 대한 체계개선이 요구되었다.

2) 직무체계

직무체계는 크게 프로젝트 사업본부, 브랜드 사업본부, 디자인 사업본부, 경영지원 사업본부의 4가지 사업본부로 운영되며 건설 인테리어업의 특성 상 공사 건별로(프로젝트 건별로) 직무가 집중되고 있었다.

부서별로 서로 다른 업무특성과 나름의 체계가 있고 구성원 개인별로 자격증 수당, 핸드폰 보조 수당 등이 적용되므로 더욱 객관적이고 투명한 급여체계의 기준이 공개될 필요가 있다. 이러한 급여체계의 합리적 기준에 따라 종래의 그 때 그 때 다른 관행적 요소들을 제거해 구성원들의 잠정적 불만을 해결해야 할 필요성이 있었다.

3) 연봉제 운영

J기업의 경우 직원 역량을 측정하고 평가하여 임금에 반영시킬 수 있는 객관적인 평가제도가 미비했다. 이로 인해 직원들과 경영진 양측이 모두 개인의 능력과 직무수행으로 인한 기여도에 대해 각자 주관적으로 판단함에 따라 갈등이 발생할 수 있어 향후 보다 객관적이고 합리적인 인사고과 기준의 수립 및 평가제도 운영방안의 설계가 이루어져야 할 것으로 판단하였다.

4) 제도 설계 방향

현황 분석 결과를 통해 각 직무별 핵심역량을 도출하여 이에 기반을 둔 인사고과의 실시와 객관적인 연봉평가가 이루어질 수 있는 인사고과 기준 및 평가기준을 마련하고, 향후 연봉계약을 통한 급여제도 운영 시 법적인 체계에 맞는 급여체계 개선 방안을 설계하는 것으로 방향을 설정했다.

Ⅳ. 제도설계 및 실행계획

1. J기업의 임금직무체계 개선 프로세스

J기업의 임금직무체계 개선 프로세스는 임금체계 분석, 직무분석, 핵심역량 도출, 임금제도 개선 방안 도출, 인사고과 기준 수립, 평가제도 설계, 시뮬레이션 등의 단계로 진행되었다.

2. 임금체계 및 핵심역량 도출

1) 임금체계 분석

J기업의 임금체계는 기준근로시간이 주 40시간에 적합하게 설계되어 있지 않은 상태이며 별도로 운영 중인 각종 수당제도가 근로기준법상 법정수당과 명확히 연계되어 있지 않았다. 특히 통상임금 범위 산정과 관계한 법률적인 문제가 발견되어 이에 대한 개선 및 법정 제수당의 정의, 그리고 각 수당이 포괄하는 시간의 범위에 대한 정의가 필요했다.

〈그림 4〉 포괄임금 체계 운영의 문제점

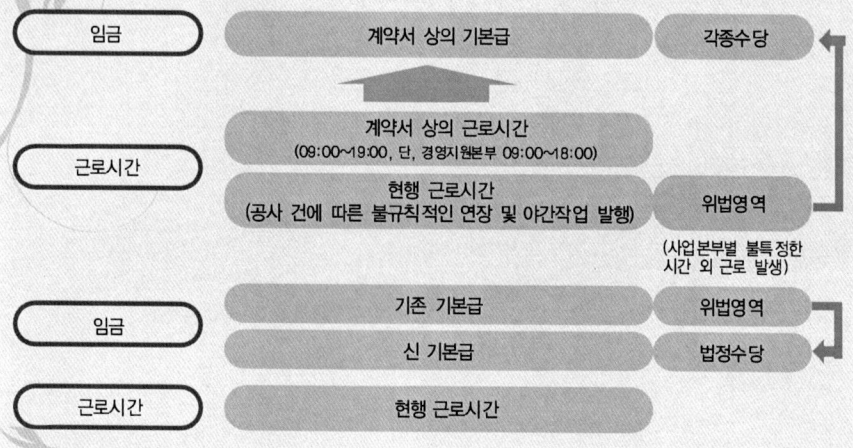

2) 직무분석 및 직무별 핵심역량의 도출

4개의 대표 직군에 따른 분류와 그에 따라 분류 가능한 하위의 직무를 판단한 후, 사업본부별 직무조사(FGI등)를 통해 세부직무를 분류하고 정렬하여 일련번호를 부여하였다. 또한 직무분석을 통하여 세부직무별 핵심역량을 도출하고 일련번호를 부여하여 각 핵심역량에 대해 구체적으로 정의함으로써 고과자의 판단을 용이하게 하고 피고과자의 수행모델 기준으로 삼도록 하였다.

〈그림 5〉 J기업 사업본부별 세부 직무 분류

대기능	중기능	소기능번호	소기능
사업 부분	프로젝트사업	1	현장관리감독
		2	현장실무운영
	브랜드사업	3	브랜드 기획
		4	브랜드 사업운영
		5	브랜드 오퍼레이션
		6	제품 제작/유지보수
	디자인사업	7	디자인 개발
		8	디자인 설계
경영지원 부문	경영지원	9	인사 및 제도기획
		10	회계 및 자금
		11	인사 총무
		12	일반관리

〈그림 6〉 A사업본부 직무분석/직무기술서 Sample

핵심 단위 업무	세부 업무 활동	상대적 비중	난이도	업무별 산출물	
인사기획/관리	신인사제도 기획/개선	v	v	1. 인사제도 개선안	4. 교육훈련계획안
	채용방안 보상제도개선	중	중	1. 채용계획 및 채용안	5
	교육훈련계획	하	하	4. 보상계획 및 보상안	6
회계 및 자금관리	부가세신고	v	상	1. 부가세신고	4. 자금관리 및 집행
	법인세신고 급여확인	중	v	2. 법인세신고	5
	자금집행	하	하	3. 급여확인/관리	6
자기개발 및 직원육성	자기개발 직원육성	v	상	1. 연간 자기개발 계획	4
		중	v	2. 인사직무별 육성계획	5
		하	하	3	6

〈그림 7〉 A사업본부 핵심역량목록 Sample

업무수행역량 (Administr- ative Factors)	코드 번호	역량정의
계획수립	A-1	목표달성을 위한 장단기 계획을 효율적으로 수립한다. 관련정보를 최대한 활용하여 실현 가능한 계획을 마련하며 예상되는 장애요인도 감안해서 구체적 계획을 수립한다.
인력운영	A-2	업무수행을 위한 인력을 적절히 구성하고 활용한다. 이를 위해 팀원 각자의 강약점에 대해 파악하여 반영하며 직원 각자의 개별적인 요구도 수용한다.
업무추진	A-3	필요한 자원을 확보/배분하며 업무수행과정에서 나타나는 장애와 난관을 제거한다. 진행상황을 정기적으로 점검하며 상황에 따라 목표달성을 위한 접근방식을 융통성 있게 변경할 수 있다.
업무관리	A-4	시간과 자원을 효율적으로 관리하며 다양한 업무 요구사항을 효율적으로 처리한다. 또한 다양한 업무의 우선순위에 대해 명확한 인식을 가지고 있으며 소요자원의 활용 결과를 점검한다.
업무개선	A-5	항상 문제의식을 가지고 업무달성을 위한 효과적인 절차와 공정을 개발하거나 개선방향을 탐색한다. 업무개선 방향에 대한 아이디어나 다양한 제안들을 실천하려고 노력한다.

3. 임금체계 개선 방안 도출

J기업의 임금체계 개선을 위하여 급여관리체계를 일원화하고 법정수당의 근거가 명확한 포괄연봉제 급여체계를 제시하였으며 다음과 같은 임금체계 개선 방안을 제시하였다.

〈그림 8〉 임금체계 개선 원칙

- 전체적인 급여체계의 구성
- 현 급여수준의 저하 금지
- 법률적 변경 내용에 따른 월차휴가 및 월차수당 폐지
- 법률적 변경 내용에 따른 생리휴가 무급화 (생리휴가수당 폐지)
- 임금보전 형태가 아닌 전체 급여조정으로 처리
- 연봉환산액에 자격증수당은 포함한 금액이며 휴대폰 보조는 별도임
- 기본급 : 209시간 분
- 연장수당 산정 : 경영지원본부 1일 1시간, 타부서 1일 2시간 월 48시간기준
- 야간수당 산정 : 디자인 브랜드 프로젝트 사업본부 1월 10시간 포함
- 휴일수당 산정 : 경영지원본부 이외의 부서 1월 2일 발생 감안
- 연차수당 산정 : 개인별 근속년수에 따른 연차일수 산정하여 매월 분할하여 지급하는 형태
- 자격증수당 : 통상시급 산정 시 기본급과 포함하여 산정 (기본급 + 자격증수당) / 209시간
- 식대 : 연봉에 포함하여 지급하는 형태
- 포괄산정에 따른 최저임금 미달 문제 : 최저월기본급은 209시간으로 기준 설정 여타 금액으로 급여조정, 2010년 최저월임금을 상회하는 시간급 4200원(월 877800원)으로 구성함
- 임원급 이상자에 대해서는 별도 수당 구분 없이 급여

4. 인사고과 기준 수립

J기업에 대해 도출된 핵심역량을 기초로 직급별 업적, 역량, 태도의 3개 부문으로 구분하여 각 부서별 인사고과 기준을 수립하였다.

〈그림 9〉 부서별 인사고과 핵심지표설정

1. 공사 관련 부서(프로젝트 사업부 및 브랜드 사업부)의 업무구조 및 핵심 성과지표의 도출

회사이익실현	공사 계획수립(건)/실적 달성율(건)
공기준수율관리	공기수립(건)/달성율(건)
비용절감방안	각 부분 절감방안(건) 수립/달성 실적

2. 경영지원부서의 업무

정상업무 수행율	정상업무수행처리 건/기본업무요청건
지원요청업무 수행율	정상업무수행처리 건/타부서지원요청업무건
지원업무만족도	지원업무 수행건별 점수

3. 디자인부서의 업무구조 및 핵심성과지표의 도출

디자인과제달성률	디자인과제점수/목표 디자인과제점수
정상디자인개발률	정상개발디자인건수(하자 미발생)/목표개발디자인건수
특허실용신안출원률	특허출원건수*(10점), 실용신안건수*(5점)

5. 평가기준 설정

1) 평가기준 및 평가운영기준

수립된 인사고과 기준을 토대로 한 객관적이고 합리적인 평가제도 운영을 위하여 업적(실적), 능력(역량), 태도의 세 가지 영역에 대해 직급별 비율(부서장 50:40:10, 관리자 50:30:20, 사원 40:20:40)에 따라 분기단위 평가를 실시하도록 제시하였다.

또한 각 영역별 평가요소 및 산정방법에 따라 고과자가 평가한 후, 평가 규정에 따라 S~D 까지 5단계의 등급을 부여, 각 영역별 등급 간 점수에 따라 등급단계별 점수를 부여하고 분기별 평가점수의 평균값을 통한 평가제도를 운영하도록 제시하였다.

〈그림 10〉 달성도에 따른 평가 기준

정량적 목표	정성적 목표	등급
120% 이상	기대를 크게 상회한다	S
100 ~ 119%	기대를 조금 상회한다	A
80 ~ 99%	대체로 기대한 만큼이다	B
60 ~ 79%	노력은 하고 있다	C
59% 이하	현상유지(구태의연)이다	D

〈그림 11〉 평가등급산정 기준

인원비율	누적5%	누적20%	누적80%	누적95%	누적100%
평가등급	S	A	B	C	D

〈그림 12〉 평가자 및 평가반영 비율설정

대상	부서장		관리자		사원	
	평가자	평가반영비율	평가자	평가반영비율	평가자	평가반영비율
1차고과	임원	50%	부서장	40%	부서장	40%
2차고과	-		임원	30%	임원	30%
3차고과	대표이사	50%	대표이사	30%	대표이사	30%

〈그림 13〉 평가에 따른 각 등급별 적용비율

인원비율	누적5%	누적20%	누적80%	누적95%	누적100%
능력평가등급	S	A	B	C	D

〈그림 14〉 평가결과의 산출 및 적용

구분	S	A	B	C	D
비율	5%	15%	60%	15%	5%
가급률	1.725	1.250	1.0	0.5	0.250

2) KPI에 따른 재원산정과 배분 시뮬레이션

J기업의 매출액과 순이익 목표달성률에 따른 재원산정 및 인사고과를 적용한 배분 시뮬레이션을 실시하여 임금변경 효과를 예측, 향후 회사 전체의 연봉인상률의 산출 및 필요 재원을 산출하도록 제시하였다.

특히 평가 등급 산출 시에는 팀 단위 표준점수에 대한 표준편차 방식 적용을 통해 평가의 오류를 일부 수정하는 방법을 제시하였다.

〈그림 15〉 목표달성률에 따른 연봉인상률 산출 기준

매출액~순이익	1. 목표달성률이 90미만일때 : 연봉인상률 = 0
	2. 목표달성률이 90~100 : 연봉인상률 = (목표달성률 - 100)/2
	3. 목표달성률이 100~110 : 성과배분률 = (목표달성률 - 100)/2.5
	4. 목표달성률이 110초과일때 : (목표달성률 - 100)/3

〈그림 16〉 표준점수 및 표준편차 적용 방식

부서	급	성명	개인인사고과 평점	팀평균	팀편차	개인별 표준점수	회사 평균	회사 편차	개인별 조정점수	순위	백분위	등급
관리	부장	개인정보보호	80.50	85.03	5.210361	-0.86942	80.00	5.00	75.65	34	0.85	C
관리	차장		89.06			0.773459			83.87	8	0.20	A
대리	대리		80.56			-0.85791			75.71	33	0.83	C
관리	사원		90.00			0.953869			84.77	7	0.18	A

기존의 총 연봉내역을 기본연봉과 성과연봉의 비율대로(6 : 4) 구분하고 각 항목에 매출액과 순이익 목표달성률에 따른 연봉인상률을 곱하는 방식으로 산출하는 방안을 제시하였다.

〈그림 17〉 연봉인상률 및 조정률에 의한 재원 산출

			재원	77,952(천원)		
				매출액	순이익	연봉조정률
총연봉	기본연봉	성과연봉		4.00%	5.95%	4.98%
159,159	95,495	63,664		6,363	9,474	7,918
56,563	33,938	22,625		2,261	3,367	2,814
48,529	29,117	19,412		1,940	2,889	2,414
29,159	17,495	11,664		1,166	1,736	1,451
24,908	14,945	9,963		996	1,483	1,239

6. 실행계획

J기업은 체계적인 임금관리 및 제도관리를 위하여 법적 수준에 적합한 형태의 근로계약서 및 취업규칙을 정비, 실제 사업장의 조직구성원을 대상으로 실행하였다. 임금유지 방안에 대해서는 노사 합의로 의견을 조율하며 성과보상제도의 실시와 관해서는 본 컨설팅 결과물을 토대로 2011년 1월 시범실시한 후, 2011년 7월부터 본격 실시, 2012년 연봉 적용 시 이를 반영하기로 하였다. 특히 성과보상제도 운영과 관련해서는 J기업의 중·장기 KPI 운용계획을 통해 장기적인 관점에서 성과보상제도를 정착시킬 수 있도록 제시하였다.

또한 개선 제도에 대한 전사적 Feedback(직원설명회)을 통한 내부 커뮤니케이션을 활성화하고 현재의 노사 TFT팀을 지속 운영하여 조직문화 및 조직만족도 실시를 통해 발견된 개선 필요사항에 대해 개선방법에 대한 검토 및 의견취합, 제도 보완의 노력을 계속하기로 했다. 또한 평가 주부서인 경영지원부서와 각 부서 부서장간의 상시 커뮤니케이션을 진행하여 평가제도 적용 시 발견되는 보완사항이나 문제점에 지속적인 개선 방안을 찾는 역할을 수행하기로 하였다.

V. 기대효과 및 시사점

J기업은 임금직무체계 컨설팅을 통해 향후 임금체계 운영의 적법한 기준을 수립함으로써 조직 내부의 불안정 요인을 제거할 수 있다. 특히 직무의 특수성을 반영한 직무별 핵심역량 지표 선정에 따른 인사고과 실시 및 평가제도 운영을 통해 보상제도의 체계화 및 각 직급에 대한 동기부여 기능을 확보할 수 있을 것이다. 또한 지금까지의 모호했던 연봉산정 기준에 대한 명확한 평가기준의 제시가 임금 수용성 및 제도 신뢰성을 회복하는 효과를 가져올 것으로 기대한다.

또한 이번 컨설팅의 결과, 정비된 제도를 통한 한층 명확한 인사관리지침을 마련할 필요성에 대해 경영진의 인식이 높아지는 계기가 되었다. 실제로 직원들에 대한 기존의 감각적인 평가방식을 탈피하여 객관적인 인사관리제도를 수립함으로써 조직의 효율성 증진, 기업 생산성 향상, 조직구성원 만족이라는 어려운 과제를 풀어갈 수 있는 기회를 마련할 수 있을 것으로 보인다.

우리를 미소 짓게 하는
행복한 그림그리기
2010 임금직무체계 개선 컨설팅 사례집

2014년 8월 10일 1판 1쇄 인쇄
2014년 8월 10일 1판 1쇄 발행

지 은 이	노사발전재단
발 행 인	이헌숙
표 지	김학용
발 행 처	생각쉼표 & 주)휴먼컬처아리랑
	서울특별시 영등포구 여의도동 45-13 코오롱포레스텔 309
전 화	070) 8866 - 2220 FAX • 02) 784-4111
등록번호	제 2009 - 000008호
등록일자	2009년 12월 29일

www.휴먼컬처아리랑.kr
ISBN 979-11-85111-45-2